LA PIEDRA DE LA CORDURA

LA PIEDRA DE LA CORDURA

Historias sobre enfermedades mentales

Ángela Pradelli

Ariel Magnus

Claudia Piñeiro

Oliverio Coelho

Esther Cross

Guillermo Martínez

Sergio S. Olguín

Carlos Chernov

Mariana Enriquez

Asesoramiento científico de Facundo Manes

Idea de Daniel Flichtentrei

Selección y edición de Amalia Sanz

La piedra de la cordura: Historias sobre enfermedades mentales.
Ángela Pradelli, Ariel Magnus, Claudia Piñeiro, Oliverio Coelho, Esther Cross, Guillermo Martínez, Sergio S. Olguín, Carlos Chernov, Mariana Enriquez.
1a ed. - Olivos : Marketing & Research, 2012.
244 p. ; 20 x 13 cm.

ISBN 978-987-28001-0-9

1. Narrativa Argentina. I. Pradelli, Ángela
CDD A863

Fecha de catalogación: 28/03/2012

Diseño: Darío García Pereyra

Marketing & Research S.A.
Fray Justo Sarmiento 2350, Olivos, Pcia. de Buenos Aires,
Argentina.
info@intramed.net
www.intramed.net

Hecho el depósito que indica la ley 11.723
Impreso en Argentina
Primera edición: Mayo de 2012

Introducción

El impacto de las enfermedades mentales en la sociedad mundial es enorme. Padecimientos como la depresión, el trastorno bipolar, la esquizofrenia y el autismo configuran la manifestación clínica de sutiles alteraciones en el normal desarrollo del sistema nervioso. Diversos estudios realizados por la Encuesta Nacional de Examen de Salud y Nutrición (NHANES) y los Institutos Nacionales de la Salud (NIH) de Estados Unidos han detectado que el 13% de los chicos de entre 8 y 15 años tienen alguna forma de trastorno mental y menos de la mitad recibe tratamiento. Pese a los grandes avances de las neurociencias, los diagnósticos en neuropsiquiatría se siguen llevando a cabo hablando con el paciente y su familia sobre sus síntomas y su historia.

Las neurociencias estudian los fundamentos de nuestra individualidad: las emociones, la conciencia, la toma de decisiones y nuestras acciones sociopsicológicas. Los avances en la investigación del cerebro —tales como el descubrimiento de la base molecular de muchos trastornos psiquiátricos, el reconocimiento de las intenciones y la empatía, las drogas psicotrópicas, los hallazgos sobre Alzheimer y Parkinson, la neurobiología de las decisiones morales o las moléculas que consolidan o borran los recuerdos— nos parecen notables también por sus repercusiones sociales y culturales. El rápido avance de las tecnologías ofrece una visión sin precedentes sobre el funcionamiento del cerebro y transforma nuestra comprensión de conceptos, tales como la conciencia y el libre albedrío. Asimismo, este conocimiento es cada vez más influyente en políticas públicas, en la educación, en el derecho o en la salud. Pero, una vez más en la historia, el gran interrogante que se presenta frente a tamaños avances es si esto llevará a que por fin se sepa todo, se descifren todos los enigmas, se acaben todos los misterios. Será por eso que resulta necesario y estimulante que, con los avances de la neurociencia, se desarrollen relaciones estrechas con disciplinas sociales, culturales y artísticas. Justamente, son estas áreas las que promueven interpretaciones ambivalentes, incitan a la reflexión y discusión acerca de verdades, con la ironía y la ambigüedad que la ciencia rara vez se permite. Las narrativas artísticas ofrecen paradigmas alternativos de la vida humana sobre la base de una pluralidad y exhiben preocupaciones o esperanzas ligadas a los avances científicos.

Tan rica y compleja es la estructura del cerebro humano que cuestiona con el arte lo que entendió con la ciencia.

Dr. Facundo Manes

Prólogo

"Vivimos en una sociedad que depende profundamente de la ciencia y la tecnología, y en la que nadie sabe nada acerca de estas materias. Esto constituye una fórmula segura del desastre".
Carl Sagan

Nunca antes el hombre había alcanzado tal grado de conocimiento del mundo y de sí mismo como hoy. Jamás como ahora las categorías con las que nos hemos definido históricamente estuvieron tan cerca del colapso. Las preguntas fundamentales sobre la condición humana ya no tienen las mismas respuestas.

Es casi imposible escapar de la perplejidad del presente. Nuestra "naturaleza" es un paisaje hecho de artificios, de ciencia y de cultura. Ya no resulta posible guiarse en el presente con las creencias del pasado. Las fronteras disciplinares se desdibujan, los discursos autorreferidos agonizan. Lo que suponíamos conocer ha ingresado en una era de redefiniciones de sus propios fundamentos.

Sin embargo, apenas alguien se asoma por fuera de su propia disciplina encuentra visiones del mundo contradictorias, lenguajes irreductibles, objetos de estudio divergentes, metodologías incompatibles. Existe una inercia que tiende a conservar identidades a cualquier precio y a escapar de todo cuanto las interpele.

El intelectual de nuestros días debería ser un anfibio capaz de sobrevivir en ambientes diversos. Ya no es posible pensar el mundo sin las descripciones densas de la ciencia ni encontrar un sentido a la experiencia de vivir sin la sensibilidad y los valores de las humanidades. Hay puentes que comienzan a trazarse. Alguien debería tener el valor de atravesarlos.

Las neurociencias, con un enfoque multidisciplinario del cerebro, han extendido sus conocimientos más allá de su propio territorio. Por miles de años la civilización se ha preguntado sobre el origen del pensamiento, la conciencia, la interacción social, la creatividad, la percepción, el libre albedrío y la emoción. Hasta hace unas décadas, estas preguntas eran abordadas por filósofos, artistas, líderes religiosos y científicos; ahora las neurociencias emergen como una nueva herramienta para intentar entender estos dilemas. Sus hallazgos cuestionan la tradición en la que hemos sido educados. En ocasiones, contradicen no solo lo que creíamos, sino lo que quisiéramos creer. No alcanza con adquirir las competencias que nos permitan entender lo que se dice. Existen razones mucho más sutiles que impiden el acceso al conocimiento. No hay manera de apropiarnos de él si antes no lo consideramos bello y valioso. La sensibilidad es producto de nuestra historia personal y de nuestra educación. Es necesario aprender a percibir la extraordinaria belleza de lo que se nos muestra.

En toda enfermedad hay una historia biográfica, pero también un conjunto de datos biológicos. Sería muy sencillo, aunque insuficiente, afirmar que detrás de cada padecimiento personal hay una alteración orgánica que lo produce. O lo contrario, que detrás de cada alteración de la fisiología hay una persona singular que la padece. Lo que nos urge es encontrar un discurso capaz de comunicar que ambas son la misma y única cosa, que se autoimplican, que se organizan en un bucle recursivo donde las causas, en ocasiones, también actúan como efectos. Lejos de las perspectivas reduccionistas en las que ambas dimensiones se desconocen entre sí, por primera vez hoy comienzan a mirarse a los ojos, a reconocerse, a reunir lo que nunca debió separarse. El dualismo ingenuo y su aplicación dogmática han fracturado el campo del conocimiento. La proliferación de creencias sin sustento y la charlatanería van cediendo su lugar al saber metodológicamente riguroso, a la argumentación lógica y a la contrastación con la experiencia empírica. Los desarrollos de la tecnología han puesto a nuestro alcance recursos que ya no admiten la impostura. Se desmoronan las excusas que justificaron hipótesis imposibles de probar. El pensamiento ya no puede permanecer indiferente, anclado a las mitologías del pasado. El escenario que la ciencia nos devela no solo es más verdadero, también es apasionante y de una belleza sublime. Sentimos el asombro ante lo novedoso y la emoción ante la dimensión estética que se nos revela.

Sin embargo, aún sobreviven estrategias que permiten vivir en el presente mientras se lo piensa con herramientas que ya no son capaces de describirlo. La ceguera, la imbecilidad, el prejuicio o la ignorancia son algunas de ellas. Este libro es un intento, todavía inmaduro, de romper con ese círculo de penumbra en el que hemos permanecido atrapados durante demasiado tiempo.

Con este libro, nos proponemos dar los primeros pasos sobre un puente que aún es frágil e inestable. Nuestro objetivo es abrir las puertas de los laboratorios de neurociencias, de los consultorios médicos y de los escritorios de los narradores para que, ideas y personas, circulen en ambas direcciones. Soñábamos con facilitar el encuentro para que lo que unos saben pudiera ser contado con el lenguaje que conocen los otros. No le temíamos a la contaminación, porque es precisamente lo que buscábamos. Queríamos la fecundación recíproca, la saludable promiscuidad y el alumbramiento de una realidad emergente.

Este libro es literatura gestada a la luz de un intercambio novedoso. Un conjunto de textos en los que se narran algunos de los fenómenos que las neurociencias han logrado desentrañar. Las enfermedades neuropsiquiátricas encarnadas en los personajes que las padecen. La historia personal de quien sufre una patología que lo transforma hasta disgregar su propia identidad. Historias que ponen en escena el modo con que las alteraciones de la conducta acompañan a las de la biología. La disrupción biográfica de una persona que toda enfermedad supone. La amenaza de la pérdida de lo que creíamos definitivo y el drama de la transformación de uno mismo en otro.

Un grupo de los más destacados neurocientíficos y médicos (Instituto de Neurología Cognitiva, Instituto de Neurociencias de la Fundación Favaloro, Liga Argentina de Lucha contra la Epilepsia) estableció un contacto personal con algunos de los mejores narradores argentinos convocados por IntraMed, el portal de medicina más importante de habla hispana. Ellos mantuvieron una serie de encuentros en los que los primeros le transfirieron a los segundos lo que conocen acerca de una determinada enfermedad. La fisiopatología, la clínica, los casos reales pasaron de mano. Un narrador empleó esos materiales como insumos para construir sus historias. Los convirtió en materia prima de su ficción literaria. Una editora valiente y brillante, Amalia Sanz, actuó como intermediaria y gestora del proyecto. Su trabajo fue incesante y obstinado. Cada vez que el naufragio nos amenazaba ella encontró la manera de rescatarnos a todos.

Una misma realidad puede generar conocimiento diverso y expresarse en lenguajes diferentes. En estas historias reaparece el Yo que la ciencia se ve obligada a expulsar, pero la práctica de la medicina contempla en todo momento. Los hechos se encarnan y recobran su dimensión humana y su subjetividad. La literatura abre las puertas al conocimiento riguroso y lo procesa con sus propios ingredientes. El lenguaje de cada disciplina se tensa hasta encontrar su propio límite. Personas con diferentes marcos teóricos e idiolectos encuentran un territorio común donde las diferencias se mantienen, pero la comunicación deja de ser una utopía. Este no es un libro científico, aunque es uno que no desconoce lo que la ciencia de nuestros días tiene para ofrecernos.

Así nacieron textos capaces de contar una historia. Un hecho vital dotado de una dimensión estética y con fundamento científico. Ha sido un experimento arriesgado, una transgresión para algunos imperdonable. Dos culturas se pusieron en contacto para trazar un camino de palabras que las rescatara del encierro y la incomunicación. Imaginábamos que podrían surgir conflictos. Y surgieron. Admitirlos forma parte del principio de honestidad intelectual con que este libro ha sido concebido. Los puntos de vista, los marcos teóricos y las sensibilidades no siempre coincidieron. Era previsible como cada vez que dos universos se encuentran por primera vez. Hemos respetado siempre la libertad creativa tanto como el derecho de los profesionales a disentir de lo que las historias narran. No esperábamos la armonía silenciosa de lo que se limita a repetir siempre lo mismo. Anticipábamos el ruido de las ideas que confrontan y la aspereza de una superficie que se construye a sí misma. Venimos de una cultura escindida, repleta de desconfianzas y prejuicios mutuos. Nuestro libro es el fruto de un espacio de convergencia, accede a una innovación no por herencia, sino por reinvención. Es una piedra fundacional y no una obra concluida. Este primer paso balbuceante nos deja entusiasmados y dispuestos a continuar caminando.

El desafío de este libro era superar el dualismo que ha dominado el pensamiento acerca de la enfermedad mental durante siglos a la vez que romper con los prejuicios y sensibilizar al lector acerca de las dimensiones humanas y estéticas de la ciencia. Una oportunidad para producir relatos que se opongan al drama del estigma social que durante siglos ha castigado a quienes padecen estas enfermedades.

Vaya nuestro agradecimiento más sincero hacia todas las personas de la medicina y de la literatura que se animaron a este desafío. A las mujeres y a los hombres que fueron capaces de abrir las puertas de sus propios mundos y permitir que las ideas y las palabras circularan entre ellos con entera libertad.

Este libro es un mensaje dentro de una botella arrojada al mar. Sabe que no será suficiente para modificar lo que muestra, pero no está dispuesto a renunciar a decirlo. Mientras tanto, se esfuerza por encontrar la lengua que le permita hacerlo.

Dr. Daniel Flichtentrei

El sentido de las palabras

Ángela Pradelli

Ese viernes Sara llegó a casa más tarde. Yo la había estado llamado desde temprano, pero ella recién atendió el celular poco después del mediodía y apenas si pudimos hablar.

—Tengo un día complicado, Mario —me dijo—, después te llamo.

Sara trabajaba en un laboratorio de medicamentos, era la secretaria del presidente y a veces no tenía tiempo ni para almorzar. Antes de las tres de la tarde le mandé un mensaje para preguntarle si quería que sacara entradas para ir esa noche al teatro. No me contestó, pero yo sé que hay días en los que el trabajo en el laboratorio se complica demasiado y no hay tiempo ni para contestar mensajes. Habíamos estado toda la semana hablando de la nueva puesta de *Rey Lear*, así que cuando vi que pasaban las horas y Sara no me llamaba, compré por internet dos entradas para esa misma noche, las únicas dos que quedaban en todo el fin de semana. La función empezaba a las nueve, pero nos sobraría tiempo porque Sara siempre llegaba a casa entre las seis y las siete.

Pero ese viernes Sara llegó más tarde. No bien entró, se sentó en el sillón doble del living y me anunció que se tomaría una semana de vacaciones.

—¿Vacaciones en mayo? —le pregunté.

—¿Y por qué no?

—Es la primera vez que te tomás vacaciones a esta altura del año.

—Ya era hora entonces —dijo ella.

—¿Y qué dijeron en el laboratorio?

Ella se acomodó en el respaldo, apoyó la cabeza y cerró los ojos.

Sara es una mujer hermosa. Tiene un rulo rubio que le cae sobre la frente, un mechón abundante y rebelde que cada tanto tira hacia atrás con un movimiento de la cabeza. El mechón se le acomoda en el casco, pero en esos breves instantes, con su frente grande y despejada, Sara no parece ella, sino otra mujer. Por las noches, cuando nos acostamos, el mechón rubio de Sara reposa desparramado sobre su cara.

Ese viernes Sara llegó del trabajo, anunció sus vacaciones y dijo que estaba cansada. Cuando la vi así, con la cabeza hacia atrás, los ojos cerrados, no me animé a decirle que teníamos que salir apurados porque yo había sacado entradas sin consultarla para la función de *Rey Lear* que empezaba a las nueve. Sara se fue a dormir temprano y durante el fin de semana, salvo para ducharse o preparar algo liviano en la cocina, casi no se levantó.

El lunes me fui preocupado a trabajar y la llamé varias veces durante el día.

—¿Te sentís bien? —le pregunté.

—Sí, solo que estoy con mucho cansancio —dijo Sara—. No te preocupes, Mario, que no es nada. Debe de ser el estrés del laboratorio.

Ese primer lunes de las vacaciones de Sara, volví temprano a casa y la encontré cocinando una tarta de pescado. Abrí una botella de vino blanco y servimos la tarta con endibias y unas almendras partidas. Comimos los dos con ganas, y apenas si sobró una porción chica y un resto de ensalada.

—¿Qué hay de postre? —le pregunté.

Sara me miró, tomó lo que quedaba de la copa de vino, se levantó, fue hasta la cocina y volvió con las manos vacías.

—¿A qué te referís, Mario? —me preguntó.

No supe qué decir. Ella ahí parada, el rulo sobre la frente, los ojos un poco vidriosos. Nosotros siempre tenemos en la heladera un pote de helado. A los dos nos gusta más lo dulce que lo salado. Incluso las noches que decidimos no cenar, comemos un bocado dulce, por eso en casa nunca faltan algunas porciones de tiramisú o de tarta de frutillas.

—¿A qué te referís cuando me preguntás por el postre?

Esa noche Sara se acostó no bien nos levantamos de la mesa. Yo no le había contado lo de las entradas de *Rey Lear* porque sabía que se iba a amargar, pero ese primer día de vacaciones, ya estábamos en la cama y con la luz apagada cuando volví sobre el tema.

—¿Querés que saque entradas para mañana así aprovechamos tu semana de vacaciones? —le pregunté mientras le acariciaba el mechón sobre la frente.

Sara se hizo la dormida y no dijo ni que sí ni que no.

Cuando nos casamos a mí no me gustaba el teatro y hasta llegué a quedarme dormido en medio de alguna función. Pero la verdad es que Sara me fue explicando muchas cosas no solo en relación con los autores, sino también con la escenografía, la iluminación y el vestuario. De a poco el teatro empezó a gustarme y terminamos compartiendo la misma pasión. Para nosotros el fin de semana y el teatro siempre fueron la misma cosa. Muchas veces íbamos a cenar después de la función y casi siempre terminábamos de recorrida por la avenida Corrientes comprando libros que Sara devoraba en una semana. Los domingos leíamos el suplemento de espectáculos y seleccionábamos las obras para el siguiente fin de semana. Tenemos gustos diferentes y a veces discutimos sobre qué obra ir a ver, pero eso es otra cosa. Yo siempre hacía una pequeña cruz al lado de los títulos; ella, en cambio, hacía un círculo que lo abarcaba todo: la dirección del teatro, los actores y los horarios. A Sara no le gusta cerrar los círculos, así que siempre dejaba un tramo abierto antes de terminar el contorno. Sara tiene un trazo suave y firme al mismo tiempo. A veces agregaba uno o dos signos de admiración cuando la obra tenía una buena crítica o cuando era una recomendación de alguno de sus compañeros de laboratorio. Y aunque no era lo más frecuente, a veces escribía en el margen una palabra o una frase corta. Como dije, tenemos gustos diferentes, por lo que solo a veces mis cruces coincidían con sus círculos. En el suplemento de espectáculos, Sara había hecho un círculo alrededor del aviso de *Rey Lear* y al lado de Alfredo Alcón había puesto la frase "un Dios" entre signos de admiración. Por eso la llamé por teléfono al laboratorio ese viernes, para preguntarle si quería que sacara entradas para esa misma noche.

El miércoles el jefe de Sara me llamó al celular. Estaba preocupado por ella, quería saber cómo seguía su salud, si ya teníamos el diagnóstico y si Sara había empezado algún tipo de tratamiento. Tragué saliva. Hubiese querido hablar con ella personalmente, pero no me aguanté hasta la noche y la llamé a casa.

—Me estás mintiendo —le dije—. No estás de vacaciones, ¿no? Estás de licencia.

—No, Mario —dijo ella—, ¿licencia en qué sentido?

—Decime qué tenés —le ordené.

—¿En dónde? —me preguntó.

—Sara, contestame, ¿por qué te dieron licencia en el trabajo?

—¿Licencia? Por favor, Mario, ¿qué querés decir?

—¿Me podés explicar qué está pasando?

—¿En qué sentido me lo preguntás?

—Si estás enferma, yo tengo que saberlo.

—Mario, ¿vos me ves enferma a mí? —me preguntó.

Sara, ya lo dije, es una mujer hermosa, pero algo había empezado a cambiar en ella, en su aspecto. Además, hacía días que estaba un poco callada, no sé, yo no podía decirlo con exactitud, pero la veía como apichonada. Esa noche, ya en casa, mientras tomábamos el café con unos bombones de menta, volvió a preguntarme.

—Mario, ¿vos me ves enferma a mí?

—No —le dije. Enredé mi dedo en su rulo y me acerqué para besarla—. Te veo hermosa.

Ella me miró, estábamos cada vez más cerca.

—Ese mechón... —dije, y nos besamos.

Sentí el frescor de la menta en el hueco de su boca. Todavía estábamos abrazados cuando Sara me preguntó al oído:

—Mario, ¿qué es un mechón?

Recién cuando encontré la libreta y el diccionario en su mesa de luz entendí la gravedad de lo que estaba pasando. Es una libreta artesanal que el presidente del laboratorio les regaló a todos los empleados por el día de la sanidad. En la segunda hoja Sara había hecho un listado de palabras y había buscado sus significados en el diccionario. Con su letra suave y firme había escrito:

> Firma: nombre y apellido de una persona que pone su rúbrica al pie de un escrito. Sello, estilo característico de algo o de alguien.
> Cobrar: percibir una cantidad adeudada. Sentir ciertos estados de ánimo o afectos (cobrar valor, entusiasmo). Causar víctimas (La enfermedad se cobró muchas víctimas).
> Pagar: dar a alguien el dinero que se le debe o le corresponde.
> Teatro: arte de componer obras dramáticas.
> Postre: dulce o golosina que se sirve al final de las comidas.
> Licencia: cesación temporal del trabajo, autorizada por la ley o los superiores.
> Enferma: que padece enfermedad, alteración más o menos grave en la salud del cuerpo o de la mente.
> Mechón: porción de hebras de pelos que se separan del resto.

Fuimos juntos a la primera consulta con el neurólogo y, aunque entré con ella al consultorio, Sara se sentó sola al escritorio y yo me quedé unos pasos más atrás. Desde allí me pareció verla todavía más apichonada.

—¿Cómo se siente, Sara? —le preguntó el neurólogo.

—¿Yo? Bien, doctor. Sí, estoy bien.

El médico se reclino en el sillón.

—¿Tiene alguna molestia, algo que usted note?

—No, estoy bien. Bueno, a veces me canso un poco, cuando camino mucho, por ejemplo, pero lo demás está todo bien.

—Y cuando habla con los demás, ¿nota algo diferente con respecto a un tiempo atrás?

—Puede ser, a veces no entiendo bien lo que me dicen.

—Ajá… no entiende lo que le dicen.

— A veces, doctor, no siempre, algunas cosas nomás.

—¿Desde cuándo? —preguntó el neurólogo.

—¿Qué cosa? —preguntó ella.

—¿Cuánto hace que le pasa esto?

—Y a veces tampoco me salen las palabras, doctor, algunas palabras. Quiero decir algo y no puedo.

—¿Hace mucho que le pasa esto?

—Hace un tiempo… bastante.

—¿Cómo se llama usted? —preguntó el neurólogo.

—¿Yo? —dijo ella—, Sara.

—¿Cuántos años tiene, Sara?

—¿En qué sentido me lo pregunta?

—¿Podría decirme los números del uno al diez?

Sara me miró.

—¿Los números me pregunta el doctor, Mario?

—Sí —dijo el neurólogo—, uno, dos, tres.

—Ah, sí, —dijo Sara—, perdone, doctor, es que no le había entendido. Uno, dos, tres, cuatro, cinco, seis, siete, ocho, nueve, diez.

—Perfecto —dijo el neurólogo—, ¿sabe sumar, Sara?

Ella volvió a mirarme, pero enseguida bajó la cabeza como buscando una respuesta.

—No, doctor, sumar no sé —dijo—, ¿usted a qué se refiere cuando dice sumar?

—¿Cuánto es dos más cuatro?

—Seis.

—Muy bien, ¿y seis más siete?

—Trece.

—¿Y sabe sumar usted?

Ella dudó.

—Sumar era… —dijo—, ¿qué era sumar, Mario? —me preguntó.

—¿Usted trabaja, Sara? —le preguntó el neurólogo.

—Sí.

—Y ahora está de licencia, ¿no?

—¿Licencia? —preguntó Sara desconcertada— No me suena esa palabra, ¿qué vendría a ser una licencia?

—¿Trabaja en un laboratorio?

—No, no, que yo sepa no, pero trabajo, sí, trabajo. ¿Qué sería un laboratorio para usted?

—¿De qué trabaja?

—Soy la secretaria del presidente.

—¿Y cómo se llama el presidente?

—Se llama…

—¿Es su jefe?

—Sí, es mi jefe. Se llama…

—¿Hace cuánto, Sara?

—¿Que es mi jefe?

—Sí.

—Ocho años ya.

—¿Y cómo se llama su jefe?

—¿Cómo se llama? —se preguntó Sara con la vista clavada en sus manos.

Yo permanecí callado durante toda la consulta, solo interrumpí una vez y fue porque me parecía importante que el neurólogo supiera lo de la libreta.

—¿Y qué anota? —le preguntó a Sara—, ¿hace listas de palabras que se olvida?

—No, no me las olvido, doctor, es más bien que no sé lo que quieren decir, no las entiendo.

—Por eso busca su significado en el diccionario —aclaré yo.

—Y lo voy anotando al lado de cada palabra —completó Sara.

—¿Cuánto hace que escribe la lista de palabras que no comprende?

—Bastante.

—¿Una semana?

—Un poco más.

—¿Un mes?

—No, más —dijo Sara.

—¿Cuánto? —insistió el neurólogo.

—Desde el invierno pasado.

Tuvimos muchas consultas antes de saber el diagnóstico. Varios estudios de alta complejidad también. En cada consulta el neurólogo le preguntaba a Sara por episodios que pudieran estar relacionados con la falta de comprensión que Sara tenía sobre algunas palabras. Después de varias consultas, supimos el diagnóstico. El neurólogo dio varias vueltas antes de largarlo y fue lo más cuidadoso posible, pero cuando lo dijo nos desconcertó.

—Demencia semántica —dijo.

Y en ese momento no supe cuál de los dos, si era Sara o era yo mismo el que no terminaba de comprender del todo el sentido de las palabras.

El neurólogo dijo que la demencia semántica no tiene cura y es progresiva. También dijo que no hay ningún tipo de medicación.

Esa misma semana le pedí otra consulta al neurólogo, pero fui sin Sara. No podía perdonarme no haberme dado cuenta antes de lo que le estaba pasando. Ahora, mirando desde acá, Sara había tenido muchos signos que yo había dejado pasar porque los confundí con olvidos lógicos o cansancio, pero para decir la verdad, ya hacía un tiempo que algunas reacciones de Sara habían empezado a desconcertarme. Sí, ahora lo entendía, eran signos de la enfermedad que empezaban a aparecer de a poco, pero yo no supe darme cuenta de eso. Seis meses atrás, para las fiestas, por ejemplo, la acompañé a comprarse un perfume. Pagó con tarjeta y cuando la empleada puso el ticket frente a ella y le pidió que lo firmara, Sara ni se movió.

—Mirá lo que me pide, Mario —me dijo.

Yo pensé que Sara lo decía por el precio. Era un perfume importado y caro, y pensé que se refería al monto, que le parecía una exageración. Controlé el ticket y volví a dejarlo sobre el mostrador.

—Está bien, Sara —le dije—, firmá.

Ella miró a la empleada, después a mí, se dio media vuelta y salió de la perfumería.

—Me hacen perder el tiempo, señor —me dijo la empleada y rompió el ticket de la tarjeta.

Pasé por la caja, pagué en efectivo y salí con el perfume. Sara me esperaba en la puerta.

—¿Por qué hiciste eso? —le pregunté.

—¿Y qué tendría que haber hecho, a ver? —me contestó.

—Firmar, querida, firmar —le dije y crucé la calle.

Sara me siguió y cuando se me puso a la par, caminó casi una cuadra entera musitando: "Firmar…, firmar…". Sin embargo, en ese momento no pude verlo. Ahora no me explico cómo no me di cuenta de que algo estaba mal, pero es así, en ese momento todo parecía normal y no pude verlo. Lo que pensé fue que, tal vez, la empleada le había dado primero un precio y después había terminado cobrándole otro, y por eso Sara había tenido ese arranque de irse de la perfumería y dejar plantada a la vendedora. Si uno quiere, encuentra una explicación para cada cosa que resulta extraña. Siempre hay un argumento a mano para ver como normal incluso lo más raro. Eso sí, el día de la primera entrevista con el neurólogo ya no tuve dudas de que todas las escenas extrañas de Sara, sobre todo las de los últimos meses, estaban relacionadas con su enfermedad.

Lo primero que le pregunté al neurólogo el día que fui a la consulta sin Sara fue por qué. Por qué a ella, por qué ahora, por qué. Él me dijo que si bien hay algunas hipótesis sobre las causas, todavía no existe ninguna certeza. Le conté al neurólogo el episodio de la perfumería y también algo que había pasado hacía un mes con el repartidor de diarios. El pibe me advirtió que no iba a dejarnos más el diario porque Sara no le quería pagar.

—¿Cuánto te debe? —le pregunté.

—Tres semanas —me contestó el pibe.

Le pagué y le dije que se quedara con el vuelto.

—Está rara su señora —me dijo—. Cuando vengo a cobrar, me dice: "Ah, ¿a cobrar?, ¿te tengo que cobrar?". No, le digo, usted tiene que pagarme, y ella me pregunta: "¿Qué me querés decir?" Hace tres semanas que me hace lo mismo, no quiere pagarme.

El neurólogo quiso tranquilizarme, me dijo que por más que hubiéramos notado estos síntomas antes, no hubiéramos podido hacer nada. A mí me cuesta entender eso, que no se pueda prevenir la enfermedad, que Sara no pueda hacer algún tratamiento o tomar una medicación específica. Le dije al doctor que la notaba más callada los últimos días, como ensimismada por momentos, y me explicó que lo peor de la enfermedad ni siquiera es la falta de comprensión ni los olvidos, sino la tristeza. No dijo tristeza, en realidad, dijo depresión. Que los pacientes se olvidan el nombre de las cosas, me explicó el neurólogo, y por otro lado también van perdiendo el sentido de algunas palabras, pero que intelectualmente siguen funcionando muy bien y por eso la enfermedad los deprime. Hizo un silencio breve y tomó aire antes de seguir. Que lo más difícil para estos enfermos, dijo, es que son conscientes del propio deterioro en el lenguaje. Y aunque no se lo conté ese día, pensé que tal vez aquel episodio de Sara en las últimas vacaciones también tenía que ver con la enfermedad. Estábamos en Mar del Plata y a Sara se le ocurrió ir a la peluquería. Yo me había quedado esperándola en el hotel y estaba leyendo en uno de los sillones del hall cuando Sara volvió de la peluquería con el nuevo corte. Entró al hotel pálida y atravesó el hall con la vista perdida. El peluquero le había rasurado el mechón, y no era que le quedara mal ese corte, pero con la cara despejada no era ella, la verdad, sin el mechón partiéndole en dos la frente no era ella.

—Ese peluquero me dijo una cosa y me hizo otra.

—¿Por qué te cortaste así? —le pregunté.

—Me explicó mal —dijo Sara—. No se le entendía nada cuando hablaba y mirá cómo me dejó. No puedo salir a la calle así —me dijo.

—No exageres, Sara —le dije—. Además, es un corte más moderno, te hace más joven.

—Mario, por favor —me rogó como si yo pudiera hacer algo—, necesito mi mechón.

Durante las dos semanas que nos quedaban en Mar del Plata, Sara se hizo llevar la comida al cuarto todos los días y no se movió de la habitación. Salía apenas unos minutos cuando la mucama iba a limpiar, pero se quedaba esperando en el pasillo y casi siempre volvía a entrar en el cuarto antes de que la muchacha terminara su trabajo. Discutíamos todas las mañanas. Cómo se iba a quedar todo el resto de las vacaciones adentro, con esos días de sol y calor que nos habían tocado, el mar enfrente del hotel, solo teníamos que cruzar la calle y estábamos en la playa. Peleábamos cada mañana por este asunto, pero no hubo caso. Yo terminaba yéndome solo y no volvía al hotel ni siquiera para almorzar con Sara. Prefería comer en el bar del balneario o pedir que me llevaran la comida a la carpa. A la noche me iba a caminar por la ciudad y cuando volvía al hotel encontraba a Sara sentada en el balcón, a oscuras.

Me había comprometido a llamar al jefe de Sara no bien tuviéramos alguna noticia y lo hice después de la consulta a la que fui sin ella. Además, tenía que avisarle que el neurólogo había extendido la licencia en principio por un mes más. Su jefe me dijo que hacía bastante que notaba cierta dificultad en Sara para comprender lo que le pedía, pero que él siempre lo había asociado con el estrés del trabajo y nunca le había parecido algo demasiado grave hasta que tuvo el episodio aquel viernes. Estaban los dos yendo a la reunión anual de las droguerías. Iban en el auto y él le pidió a Sara que lo comunicara con el asesor del ministro de salud de la provincia. Sara llamó desde su celular: "Habla la secretaria del doctor..., del doctor..., del doctor...". Y ahí se quedó bloqueada hasta que apartó el celular y le pidió a su jefe: "Perdone, doctor, recuérdeme su nombre, por favor".

Hay momentos en que a Sara la veo muy triste. Me da miedo que de a poco vaya perdiendo la alegría por las cosas y que se transforme en una persona completamente triste por la pérdida de las palabras. Yo me había enojado mucho con ella en Mar del Plata y, aunque no quiero pensarla así, hay una imagen de ella que en estos días me vuelve. Sara a oscuras, sola, en el balcón, en silencio.

En todos estos meses su jefe nunca dejó de llamarla y sus compañeros se turnan para llamarla también. Ella no quiere atenderlos porque dice que se pone nerviosa cuando no sabe lo que le preguntan o cuando no le salen las palabras. Pero le gusta sentarse a escuchar los mensajes que le dejan, aunque a veces tiene que anotar en su libreta algunas palabras que después busca en el diccionario o me pregunta a mí.

Hace un tiempo la llamó una de sus compañeras y le dejó un mensaje que escuchamos juntos. Era un mensaje relativamente largo, le contaba incluso algunas cosas de su jefe que a Sara la hicieron reír. Aunque estaba preparada con la libreta abierta y la lapicera en mano, no escribió ninguna palabra porque ese día entendió todas. Sin embargo, antes de cortar su compañera dijo: "Volvé pronto, amiga". Fue en ese momento que Sara se perdió otra vez. Primero me pidió que le definiera qué era una amiga, pero mi explicación le resultó confusa y buscó la palabra en el diccionario. Cuando la leyó se enojó conmigo.

—Vos decís una cosa y el diccionario dice otra, ¿en qué quedamos?

Las listas de palabras y definiciones de Sara son cada vez más largas. A veces son palabras que ella escucha en algún programa de televisión o en una charla con algún vecino, o que lee en los libros: "hijos", "anteojos", "sumar". *Rey Lear* es una de las pocas frases que Sara anotó en la libreta y también una de las primeras, de hecho, está en la lista de inicio, pero por alguna razón aun hoy Sara no completó su significado.

Hay días en que la enfermedad de Sara no parece algo tan grave. Quién no se olvida de algunas palabras, de cómo se dicen las cosas. Después de todo, me digo, quién no tiene lagunas, y me ilusiono con que todo puede ser manejable y que podemos seguir teniendo una vida, nuestra vida. Pero eso no me dura mucho, la mayor parte del tiempo vivo amargado.

No sé bien por qué a veces reviso a escondidas las listas de palabras que Sara escribe en su libreta. Hace ya unos meses, entre un listado y otro, Sara empezó a intercalar algunas poesías que ella misma escribió hace dos años cuando participó en un taller de escritura.

> Cuando escribo,
> cada oración es un banco
> de niebla que atravieso.

Cómo puede ser, me pregunto cada día y hasta llamé por teléfono al neurólogo para que me lo explicara, cómo puede ser que una persona que escribió poesías tenga problemas con las palabras. "Cada oración es un banco de niebla que atravieso". ¿Por qué escribió eso hace dos años?

Lo del robo fue hace dos semanas. Era domingo y Sara había salido a comprarme un regalo para nuestro aniversario. Yo me quedé durmiendo la siesta y ella fue caminando hasta el shopping. Quería comprarme un par de zapatos marrones con suela anatómica que habíamos visto juntos y a mí me habían gustado mucho. Para colmo, era domingo y era temprano, a esa hora las calles están vacías. Sara fue caminando por la calle de atrás para cortar camino. Dice Sara que el chico no tendría más de catorce o quince años. Se le cruzó y la amenazó con una navaja. Le clavó la punta de la navaja en la cintura y la llevó así hasta el cajero que está a tres cuadras del shopping. Cuando llegaron Sara abrió la cartera y sacó la tarjeta de crédito de la billetera dispuesta a darle todo lo que tenía en la cuenta, pero el pibe estaba muy nervioso.

—Rápido —le dijo el chico y le clavó la punta de la navaja en el cuello—, poné la tarjeta y marcá los números.

Sara recuerda la clave de nuestras tarjetas perfectamente, es más, opera en el cajero normalmente, pero cuando el chico dijo la palabra "números", se bloqueó y no supo qué tenía que hacer. "Números" es una de las primeras palabras que Sara perdió.

—¿Qué me estás diciendo?

—Marcá los números, te digo, ¿o no me oís? —le gritó el chico—, ¡apurate!

Alguien habrá pasado por la vereda, habrá visto algo raro y habrá avisado a la policía, no sé, pero cuando el chico oyó la sirena la agarró de la nuca y le empujó la cabeza hacia adelante hasta golpearla contra el filo de la pantalla.

—¡Me boludeás, hija de puta! —le dijo, y volvió a golpearle la cabeza contra el filo del cajero—, ¡te pido los números y me boludeás!

Después el chico salió corriendo con la cartera de Sara y ya no pudieron agarrarlo.

En la guardia le cosieron la frente y le dieron un tranquilizante para que pudiera descansar, pero esa noche Sara no quiso acostarse hasta no volver a escribir en la libreta la palabra "números" y su significado. Creo que es la única palabra que se repite en dos listados, o más. Desde ese día Sara lleva la libreta cuando sale de casa. A mí me tiene preocupado esa herida en la frente, que le supura a pesar de los antibióticos que está tomando, que tarda tanto en cicatrizar y que por momentos hasta parece que no se le curará nunca. Ella la tapa con el mechón, pero no es eso lo que me preocupa, no es la estética lo que me amarga, sino la herida y el riesgo que corre Sara cada día en la calle y en todos lados.

Hace bastante que no vamos al teatro. Por las noches nos quedamos mirando un rato de televisión o nos acostamos temprano. Cada día vamos organizando la vida como podemos.

—Alcanzame la cosa blanca, Mario —me dice ella.

Y si estamos en la cocina, le doy la sal, el azúcar, la harina. Si estamos en la habitación, le alcanzo una crema que se pone todas las noches en la cara y que siempre se olvida sobre la cómoda, y si no es la crema, pruebo con el almohadón de plumas que se pone en la espalda para leer. Pero si mientras me dice que le alcance la cosa blanca señala en dirección al baño, voy y le traigo la pasta dental, la toalla, el algodón. Otras veces no, otras veces no puedo saber qué es esa maldita cosa blanca que Sara me pide y me desespero y no sé qué hacer.

—¿Querés que caminemos un rato? —le digo los domingos de sol.

—¿Caminar? —me pregunta ella.

—Sí, caminar, dar una vuelta por el barrio —le explico—, andar un rato por ahí.

A Sara siempre le gustó leer y en todas las consultas el neurólogo le insiste en que no tiene que dejar de hacerlo, aunque sea unas pocas páginas por día. Ayer por la tarde, antes de irnos a cenar al restaurante, Sara estuvo leyendo la nueva novela que su jefe le regaló por el día de la secretaria.

—¿Cómo va la historia? —le pregunté cuando cerró el libro.

—Más o menos —me dijo—, hoy entendí poco y nada.

Las listas de palabras que Sara escribe en la libreta crecen semana tras semana. Algunos días, cada vez más seguido en el último tiempo, nos sentamos en la cocina y las leemos juntos. Son palabras que perdieron todo sentido para Sara, que ya no le significan nada. Me gustaría tanto saber qué palabras son las más necesarias para vivir. Cuáles son imprescindibles para Sara para sobrevivir día a día, me ilusiono pensando que algún día podré inventar un método para ayudarla.

Unos días antes del robo, mientras leíamos en la cama el último de sus listados ("lluvia", "cielo", "peras" y "espinacas"), encontré otro de los poemas que Sara había escrito cuando iba al taller.

Las preguntas entonces empiezan
a dar vueltas y vueltas a mi alrededor.
Me zumban como moscardones
cuando me subo al subte
y cuando voy al banco
y hago la fila para pagar
el teléfono,
y cuando compro el pan
y el vino.
Cosas como esas,
la búsqueda

de una palabra,
me llevan un día entero.

No sé por qué ahora Sara nunca me habla de esos poemas. Cuando los escribió, solía leérmelos no bien salía del taller. Tampoco sé por qué los copia ahora en la misma libreta con los listados de palabras que ya no entiende o que no puede decir. Yo los leo en silencio y nunca le había dicho nada, hasta que encontré el poema de las preguntas que Sara agregó unos días antes del robo.

—¿Este también lo escribiste vos? —le pregunté.

Cerré la libreta, la abracé y nos besamos.

Esa noche lo hicimos por última vez.

—No sé qué va a pasar con todo esto —me dijo Sara.

Hay días en que se hace difícil entenderla porque sus frases, cada vez con menos palabras, empiezan a ser cortadas y a veces resultan confusas o suenan incoherentes.

—¿Todo esto?

—Sí, si sigo perdiendo palabras ya no voy a poder hacerlo, ¿sabés?

Lo dijo mientras nos desnudábamos y no se puso triste ni nada, solo lo dijo.

—No entiendo lo que me querés decir, Sara.

—Eso, que sin palabras no voy a poder hacerlo.

Hablaba tranquila y lo repitió mientras me acariciaba la espalda. Que para el sexo también necesitamos las palabras, así me dijo, y que ella pensaba eso, que quizás ya no iba a poder seguir haciéndolo. No le contesté, no quería seguir hablando de ese tema, qué tiene que ver el sexo con las palabras, por favor, qué tiene que ver. No le contesté, aunque después, mientras le acariciaba los pechos, me pregunté si Sara ya había olvidado la palabra “pechos”. Y mientras la besaba me preguntaba si Sara recordaría aún las palabras “pezón”, “cuello”, “entrepierna”, “labios”. Qué palabras, de las que yo susurraba ahí, en la intimidad, los cuerpos desnudos, qué palabras, me pregunté, buscaría Sara al día siguiente en el diccionario para entender el significado de lo que habíamos hecho, para comprender el sentido de lo que nos había pasado la noche anterior.

Hace apenas una semana Sara salió del baño desencajada. Se había terminado de duchar y tenía la misma cara que aquella vez que entró en el hotel después de que el peluquero le había cortado su mechón. Llevaba una toalla atada a la altura de los pechos, estaba peinada pero con el pelo todavía mojado, de hecho, le chorreaban algunas gotas sobre los hombros desnudos.

—Mario —me preguntó sosteniéndose el mechón en la mano— ¿cómo se llama esto que me cae sobre la frente?

No pude contestarle, me quebré. Lloramos los dos, pero esa tarde ni siquiera pudimos abrazarnos y tuvimos que llorar separados.

A la mañana siguiente me levanté mientras Sara todavía dormía. Busqué su libreta en la cartera y leí lo último que había escrito.

> No hay palabras.

Y en la página Sara corrigió, o escribió una nueva versión, no sé, o simplemente volvió a escribir.

> No tengo palabras.

Ayer fue nuestro aniversario. Fuimos a cenar a un restaurante que está frente a la plaza. Antes de salir nos dimos los regalos. Ella me regaló un reloj. Después del robo había vuelto al shopping a comprar los zapatos anatómicos, pero cuando el vendedor le preguntó qué número, Sara se fue del local y terminó comprando un reloj en el negocio de enfrente. Yo le regalé un par de peinetas que conseguí en la perfumería aquella.

—Lleve estas —me había sugerido la empleada—. Son francesas, nacaradas y tienen estas pequeñas perlas, ¿no son finísimas?

A Sara le gustaron tanto que las quiso estrenar esa misma noche para ir a la cena en el restaurante. Elegimos una mesa en el parque.

Una cantante mejicana cantaba boleros acompañada por dos hombres con guitarras y una mujer muy mayor que tocaba el violín. A Sara no le gustan las canciones de amor porque dice que son cursis y machistas, sin embargo, seguía el ritmo de la música con el movimiento de los dedos sobre la mesa y parecía alegrarse con los boleros de la mejicana.

—¿Te gusta? —le pregunté a Sara.

Ella levantó los hombros. Pedimos champán bien helado. Mientras el mozo nos llenaba las copas, Sara leyó en voz alta las tres sugerencias del día y le preguntó por la primera.

—¿Ostiones y merluza verde? Parece que tiene buen paladar la señora —dijo el mozo y le describió el plato, los ingredientes, la preparación y las guarniciones que podíamos elegir.

Nos reímos cuando el mozo se fue.

—Te las estás rebuscando bastante bien —le dije.

—¿Por qué brindamos? —preguntó ella.

—Decí vos.

—No, decí vos.

Volvimos a reírnos, pero chocamos las copas en silencio. Ella hizo con la cabeza ese gesto tan suyo de tirar el mechón hacia atrás para despejar la frente. A pesar de la cicatriz y a pesar de todo, sigue siendo una mujer hermosa.

—Sara —le dije— yo te quiero como el primer día.

—¿En qué sentido, Mario?

—En el sentido del amor —le contesté—. Te amo.

Esa noche también hablamos con la luz apagada antes de dormirnos. A Sara le habían gustado los ostiones y que el champán estuviera bien frío.

En el silencio de la noche se oía nuestra respiración. Me dijo que todo había salido muy bien, pero que yo le había dejado poca propina al mozo.

—¿Cómo poca?

—Poca, Mario, poca —me dijo.

Tanteé a oscuras su mechón.

—Sara.

—¿Qué?

—¿Vos me amás a mí?

—¿Qué me estás preguntando? —dijo ella.

Me pareció que su respiración se hacía más fuerte, pero enseguida me di cuenta de que no, no era su respiración, sino un suspiro.

—¿A qué te referís?

—Al amor, Sara —le contesté—. Me refiero al amor.

Mientras hablábamos en la oscuridad del cuarto, yo tenía los ojos abiertos y no sé por qué me imaginé que ella también y que, aunque estuviéramos completamente a oscuras, los dos hablábamos con la mirada clavada en el techo.

—No sé, Mario —dijo— no sé.

Sentí el cuerpo de Sara muy cerca del mío.

—¿El amor cómo? —me preguntó.

A mí me hubiese gustado tanto encontrar otra manera de preguntárselo.

Sara me insistió:

—Explicame, por favor, ¿de qué hablás?

Yo hubiese querido tener más palabras para poder preguntarle lo mismo de otro modo.

Ella acercó aún más su mano a la mía.

—Mario, ¿en qué sentido me lo estás diciendo?

No dije nada, ya no pude, tampoco hay tantas maneras de decir la misma cosa.

Sara volvió a suspirar. Fue un suspiro tan largo esta vez que me pareció que iba vaciarse.

Filiaciones

Ariel Magnus

Y de pronto, veinticinco años más tarde, sin que en el medio haya pasado nada, aunque todo lo que no pasa en el medio se supone que también es parte del asunto, incluso la parte más terrible, mi esposa me despierta un sábado por la mañana y me dice:

—Elvio, creo que al fin lo entendí todo.

Años, décadas de haber perdido el miedo a un nuevo brote y de haber olvidado en consecuencia los consejos pertinentes me impidieron reaccionar de inmediato. "Cuando un esquizofrénico te dice que tiene todo resuelto, es porque levó anclas y puso proa al delirio", me había dicho la psiquiatra, pero hacía ya tanto tiempo que seguramente yo debía recordarlo como una frase curiosa lanzada por una médica cualquiera que habla en la televisión de los problemas que tiene la gente, no mi mujer. Aún dormido, pues, también en el sentido no literal, hice la pregunta que nunca hay que hacer en estos casos:

—¿Qué entendiste, mi amor?

Mi mujer se irguió a mi lado y me miró recto a los ojos. Tal vez otra persona, la psiquiatra por ejemplo, habría visto en la intensidad de su mirada un signo de lo que se venía, o de lo que ya venía arreciando hacía tiempo en su mente. No fue mi caso. En los ojos de mi mujer, en los profundos ojos de mi mujer, de un marrón resplandeciente a la vez que traslúcido, como acantilado hacia las pupilas, yo no veo más que el reflejo de los ojos de nuestros tres hijos, y de todo lo que hemos vivido en estos casi treinta años que llevamos juntos. Si viera otra cosa, si por un solo momento viera lo que otros verían o creerían ver, por ejemplo cuando demora un pestañeo o entrecierra los párpados, entonces hace tiempo que el amor se habría acabado, o se habría vuelto otra cosa, algo más parecido a una condena que a una elección.

—Yo no soy hija de mis padres, recién ahora me doy cuenta —habló ella con toda calma, e igual de convencida agregó—: Yo soy hija de una monja y un desaparecido.

Mónica, mi mujer, se educó en un convento, no acá en Buenos Aires, sino en Crespo, Entre Ríos, que es de donde viene su familia. Tiene que haber sido un sitio pequeño y muy blanco, pues cuando tuvo su brote y la internamos en una clínica porteña, ella creyó que había vuelto al convento de su niñez. A las enfermeras les decía hermanas, a los aparatos (incluido el que usaban para aplicarle electroshock) los acariciaba con las yemas de los dedos luego de habérselas besado con unción y hasta se persignaba haciendo una leve reverencia cada vez que salía al jardín. Curiosamente, a la figura de la Virgen que había cerca de la entrada nunca pareció notarla.

—No entiendo —dije esa mañana de sábado, con una sinceridad que hoy me cuesta entender.

—Te lo explico en el auto. —Abrió las persianas—. Tenemos que irnos ya para Crespo.

Le recordé que al mediodía había quedado en venir Miguel, nuestro tercer hijo, el supuesto hijo del Diablo, pero ella me dijo que ya había pasado el almuerzo para la semana próxima. En lugar de esa objeción coyuntural debería haberle recordado, por ejemplo, que ella había nacido en 1960, cuando todavía no había desaparecidos. El problema es que, además de no ser muy bueno en historia argentina, al tema de los desaparecidos yo le guardo mucho respeto, por no decir que le tengo auténtico temor. Sobre todo en los últimos tiempos, en los que de pronto un problema que era de unos pocos ahora parece incumbirnos a todos, me da mucho miedo decir algo indebido, ya sea para un lado o para el otro. No es que no tenga mi opinión formada al respecto, sólo que esa opinión que yo tenía, y que me parecía muy ecuánime, ahora resulta que es parte del problema y no su conclusión, como me explicó Moni misma. Ella sí que se ocupó del tema y parecía tenerlo muy claro, al punto de que en los últimos años le escuché decir cosas al respecto que en otra época nos podrían haber puesto en aprietos. El que le tira letra es Miguel, que terminó siendo el rojo de la familia, y no precisamente porque sea el hijo de quien mi mujer lo creía ser.

—¿No puedo ni desayunar? —pregunté al salir del baño y ver que Moni ya me había preparado la ropa.

—Compramos medialunas en Zárate. —Me pegó donde menos duele.

Y no fue hasta dejar atrás la panadería de Zárate, ya en la provincia de Entre Ríos, que Moni terminó de explicarme cómo había llegado a su descubrimiento. Nunca me había hablado tanto de su familia como esa vez, en la que me explicó por qué no podía ser la suya. Su madre, por ejemplo, no recordaba con exactitud a qué edad había dejado el chupete o empezado a caminar, como se deducía de que cada vez que Moni le había preguntado, ella le había contestado algo distinto. "Y una mujer recuerda esas cosas hasta de un sobrino", me aseguró, mientras yo trataba de recordar cuándo habían dejado el chupete nuestros hijos, o incluso si habían usado chupete o no. En cuanto a su padre, también fallecido entretanto, y en ese sentido el mejor testigo para su causa, no existía ni una foto en la que se los viera juntos cuando ella era un bebé.

—Pero yo me acuerdo de unas fotos de tu viejo con vos en el cochecito —recordé, aunque sin ánimo de contradecirla.

—Debés estar hablando de una foto en la que está con mi hermana —rechazó la objeción involuntaria con toda parsimonia, como si ni fuera una posibilidad.

Lamenté que no hubiéramos traído la foto para mostrársela ahora a su hermana, que vivía en Crespo, o más bien se estaba muriendo allí de un cáncer terminal, a lo que ella me recordó que esas fotos se habían perdido cuando nos mudamos al departamento de Crámer. Yo recordaba haberlas transportado personalmente durante esa mudanza, pero en lugar de decírselo, supuse que ella se refería a la mudanza que luego hicimos desde Crámer hasta nuestro departamento actual. "No tenés que creerle todo a tu mujer —me habría repetido la psiquiatra lo que ya me había dicho alguna vez—. Que te mienta en algunas cosas no significa que te finge los orgasmos".

De sus otros padres, los verdaderos, Moni me contó que eran un guerrillero llamado Ernesto y una monja de nombre Emilia, aunque en ambos casos se trataba de nombres falsos, uno un nombre de guerra y el otro un nombre de fe. Él, que venía de una familia acomodada pero había abrazado la causa marxista, había tenido que huir de la Capital, perseguido por el ejército; ella, que acababa de entrar al convento luego de un desaire amoroso, tal vez incluso un aborto, le había dado refugio en su celda, tras encontrárselo una madrugada acurrucado bajo un arbusto en los jardines del convento. "Los dos eran jóvenes y bellos, y se enamoraron el uno del otro al instante", me contó Moni. A los pocos días, sin embargo, alguien se debe haber enterado de la presencia del guerrillero y alertó a las autoridades. Ernesto llegó a escapar del convento, pero lo atraparon más al norte y nunca más se supo nada de él. Entre una cosa y la otra, él había tenido tiempo de dejar su simiente en Emilia, quizá para no desaparecer por completo.

Todo esto Moni lo había deducido de unos libros de historia argentina que había estado leyendo y de unas cartas privadas que había encontrado en casa de la tía Amalia, "Amalia, la loca", como le decía incluso su sobrina medicada. En el curso de su relato fue Moni misma quien se planteó la objeción que yo no supe o no me animé a hacerle oportunamente, esto es, que en la época de la que hablaba aún no estaban conformadas las guerrillas, no al menos en Argentina, pero tras mucho meditarlo, no ahora sino antes, su conclusión había sido que sí estaban conformadas: ella misma era precisamente la prueba de ello. Su caso era de hecho tan especial que cambiaba la historia de la Argentina, o al menos reordenaba sus fechas, y por eso ya se había puesto en contacto con un especialista en el tema que le estaba tramitando una entrevista con las abuelas de Plaza de Mayo e incluso con la Presidenta. Su próximo paso, no bien confirmáramos las sospechas *in situ*, sería ir al programa de Mauro Viale en la televisión.

—Porque yo reúno en mí los dos polos de la historia argentina más reciente —me dijo—. Por un lado, la izquierda revolucionaria, y por el otro lado, la derecha católica. Acá, la rebeldía libertaria. —Y se tomaba el pecho izquierdo, el que seguramente usó de más para amamantar a Miguel—. Y acá, la obediencia reaccionaria. —Y se tomaba el derecho—. ¿Te das cuenta, Elvio? Llevo en mis entrañas la espada y la cruz, Cristo y el Che.

Ahora es fácil detectar los momentos en que yo debería haber dejado de creerle, dar la vuelta con el auto y llevarla directo a lo de la psiquiatra. Pero lo cierto, como tengo dicho, es que el tema de los desaparecidos es muy delicado, y lo último que yo hubiese querido era poner en duda nada que tuviera que ver con el asunto. La tranquila convicción con que Moni me relató la historia también ayudó a que yo no dudara de ella, como sí me hubiera ocurrido con una persona que se exaltara o se pusiera violenta (Amalia, la loca, por ejemplo, cuando no le creemos que vio —¡y habló!— con extraterrestres durante unas vacaciones en Córdoba). Lo otro que sin dudas me debe haber engañado es que viajáramos a Crespo para confirmar todo esto, como si ella misma no terminara de creerlo y necesitara contrastarlo con la realidad.

La primera vez fue mucho más fácil, al menos en ese sentido. Luego de un parto complicado, sobre todo en comparación con los dos anteriores, Moni tomó con aprehensión al bebé recién nacido y casi lo deja caer. “Sáquenme esto... Este no es mi hijo... es el hijo del Demonio”, tartamudeó luego, y ni por un segundo yo dudé de que algo malo había pasado en su cabeza. Ni ella ni yo provenimos de familias demasiado católicas, aunque ella haya pasado la niñez en un convento y yo haya asistido a un colegio de curas; tampoco somos de ir mucho a la iglesia, ni le hemos dado a nuestros hijos una educación especialmente religiosa; pero si hay una figura a la que siempre le hemos guardado respeto es a la del Diablo. Dios puede existir o no, y rendirle culto puede ser más o menos provechoso, pero que el Mal existe y que hay que temerle nos parece algo indiscutible, aun cuando no necesariamente tome la forma de un hombre rojo con cuernitos y tridente.

Se me dirá entonces que puede tomar la forma de un bebé, y que por lo tanto le creí a Moni que eso es lo que había ocurrido con el nuestro. Se me dirá que le creí y, asustado, la interné, solo que ahora lo cuento como que la hubiera hecho internar porque no le creí, digamos. Pero no. Si le hubiese creído, no la habría internado, sino que le hubiera conseguido un exorcista. Eso fue, por cierto, lo que me sugirió el jefe de enfermería, cuyo hermano era pastor evangélico. "Aunque sea por las dudas, lo mejor es mandarle al sacademonios, al menos para que no te salga hincha de independiente", me palmeó el hombro con un fraternalismo que me impidió enojarme con él, aunque tampoco hizo que me riera de su presunto chiste.

Ni las enfermeras ni aun el obstetra se tomaron muy en serio la notoria aversión de mi mujer por su hijo, mucho menos su explicación mística del porqué. Y acaso no sin razón, pues si bien a muchas mujeres les agarra depresión después del parto, solo en el uno por ciento de ellas, como supe luego, se desata lo que se llama psicosis puerperal. Si a eso le agregamos que la mitad de los casos ocurre después de parir al primer hijo, y que esa probabilidad baja otro tanto cuando se trata del tercero, el porcentaje está más cerca del cero que de cualquier otro número. A la vez, si pensamos en la cantidad de nacimientos que se dan en todo el mundo por minuto, o incluso por segundo, resultan ser alarmantemente muchas las mujeres que se vuelven locas en el intento.

Como sea, los médicos y las enfermeras ignoraron o en todo caso minimizaron el brote psicótico de mi esposa y la forzaron, siempre con las mejores intenciones, a ocuparse de Miguel. Y lo cierto es que Moni casi se ocupa de él, pero en el sentido de liquidarlo. Según supimos luego, le daba el chupete hirviendo, "para matar al Diablo con su propia moneda", y lo sacudía cada vez que estaba por dormirse, "para que no entre en contacto con las fuerzas del Mal y le den instrucciones". Cuando al fin le sacaron al bebé, empezó a decir que ahora las instrucciones le llegaban directamente a ella, a través de la televisión. También me contó que el Diablo la había visitado en persona y le había ordenado reconquistar las Malvinas (Miguel nació a fines de 1982).

—Supongo que te habrás dado cuenta de que acá el Diablo sos vos, precioso —fue una de las primeras cosas que me dijo la psiquiatra, cuando al fin logré, a través de un contacto laboral, internarla en la mejor clínica psiquiátrica del país.

—La verdad es que no lo había pensado —fui sincero.

—Pero es simple, bombón. Si para ella vos fueras Jesús, creería haber parido un ángel. ¿Se llevan mal?

—No estamos pasando por el mejor momento de nuestra relación.

Me gustó de la Dra. Sandra Veirase, además de su desfachatada frontalidad, y de la colección de objetos con forma de tortuga, mi animal favorito, que llenaba todos los rincones de su consultorio, incluido el baño de su consultorio ("Los pacientes llegan acá duros, acorazados, por eso cuando les doy el alta saben que me tienen que regalar un muñeco o una imagen de la tortuga que eran y ya no son")... me gustó de la Dra. Sandra, como me obligó a llamarla desde el primer momento, lo que para un tercero podría haber pasado por un signo de excesiva confianza de mi parte, pero solo hasta que escuchaba alguno de los apelativos que usaba ella para hablarme a mí, entre los que "preciosura" o "bombón" resaltaban por su formalidad... me gustó de Sandra el hecho de que me hiciera esa pregunta sobre mi intimidad y, en vista de mi recelo, nunca más me hiciera ninguna otra. No porque tenga cosas que ocultar (aunque obviamente las tengo, a fin de cuentas, de eso se trata la intimidad), sino ante todo porque le tengo terror a los psicólogos y psicoanalistas. Les tengo tanto terror como a mis animales menos preferidos, los perros, por eso de que saben lo que uno siente y piensa, aunque uno no lo diga y se esfuerce por disimularlo. Se podría decir que con los psicólogos tengo un verdadero trauma, tal vez porque de pequeño me mandaron a uno, que me obligaba a pintar dibujos sobre la alfombra olorienta de su consultorio de muebles viejos, tan viejos (y olorientos) como él mismo.

Pero esta no es mi historia, sino la de Moni, y acaso ella hubiera preferido ir a un psicólogo o psicoanalista en lugar de a una psiquiatra, una neuropsiquiatra incluso, más cercana a las neuronas que a los sueños. Moni estudió Bellas Artes y siempre se inclinó por todo lo intelectual, incluidas naturalmente las ciencias de la mente. Una de sus frases preferidas al respecto es: "Queremos colonizar la Luna y no entendemos ni nuestra propia cabeza lunática". Aunque terminó siendo profesora de Historia, su pasión es la pintura, en el sentido de que se la pasa pintando. Hasta llegó a hacer algunas muestras, no por supuesto en aquella época, sino más adelante, cuando se curó.

—No está curada, solo medicada —me corregía la directora de la escuela en la que trabajaba, Aurora, una muy buena amiga que desde el principio se opuso a la internación, por ni hablar de los medicamentos (y por ni aludir a los shocks de electricidad).

—Si ella quisiera, podría ir a un psicoanalista —me defendía yo, y de paso defendía a mi mujer.

—Ahora ya la tienen drogada, ya la cooptaron. Pero sacale las pastillas y vas a ver cómo cae más profundo que antes.

Aurora era varios años más grande que Moni y tenía dos hijas, la mayor de las cuales creía ser la hija de Marilyn Monroe. Le habían diagnosticado psicosis, más específicamente lo que se llama "delirio de filiación", es decir, lo mismo que a Moni más tarde, primero cuando deliró con que su hijo era del Diablo y luego, ahora, cuando ella misma se creyó hija de otros padres; la habían declarado psicótica y recomendado su hospitalización inmediata, pero Aurora había decidido no internar a su hija ni someterla a una terapia de shock. Tampoco dejó que le administraran medicamentos, más allá de algunos calmantes y ansiolíticos en los momentos de crisis. Como único tratamiento, la hija de Aurora visitaba a un psicoanalista lacaniano, que a veces la mandaba de vuelta a su casa a los tres minutos de sesión. Por un tiempo se trató también con un psiquiatra, pero de la escuela de Wilhelm Reich, un hombre que le masajeaba el cuerpo e incluso la masturbaba durante las sesiones, a fin de liberar las energías orgónicas. "Cualquier cosa antes de que me la picaneen o me la idioticen con pastillas", declaraba Aurora cada vez que Moni la acusaba de estar más revirada que su hija.

Y es que por momentos parecía estarlo verdaderamente. Recuerdo que Aurora podía decir con la mayor tranquilidad que ella era la madre de la hija de Marilyn Monroe, poniendo ambas filiaciones al mismo nivel. Es verdad que por aquella época era más fácil dudar de estas cosas, pues aún no existía el ADN, es decir, que no había una prueba científica de las relaciones parentales; ya teníamos, claro, las similitudes físicas, los testigos de los hechos y en general el sentido común, pero no habíamos descubierto todavía esa instancia irrefutable que nos asegura que tal es hijo de tal, o en todo caso que no puede serlo de tal otro. Igual, es curioso que ahora le creamos menos a todo aquello, que por cierto no suele fallar demasiado, que a una prueba hecha en un laboratorio, o dentro de una computadora, según leyes genéticas que el común de los mortales entendemos menos aún que las de Mendel (que al menos yo nunca entendí). No es que quiera defender a Aurora, ni aun a Moni, solo digo que era y es un tema delicado, y cada uno lo enfrenta como puede.

Aurora lo enfrentó así como digo, asumiendo que lo de su hija era como un juego, y que como tal simplemente había que seguírselo. "Hay que pensar que es una fan un poco fanatizada", decía. La dejaba vestirse como la actriz y aceptaba que le hablara casi exclusivamente en inglés (mal, para colmo). Y cuando cumplió los 21 años (llevaba dos de delirio) se la llevó de viaje sorpresa a Los Ángeles. O sea que no solo toleraba la locura de su hija, sino que incluso parecía incentivársela. Según Wilhelm Reich (según Aurora), los esquizofrénicos son las personas más inteligentes del mundo, verdaderos genios en potencia, en todo caso gente mucho más interesante y audaz que el así llamado "homo normalis". De ahí que ella dedujera, supongo yo, que lo de su hija no era una enfermedad, sino una especie de don. "Si le gustara la música y tocara algún instrumento, mi deber de madre también sería el de estimularle esa aptitud", le oí decir alguna vez.

A nosotros nos daba resquemor seguirle el juego, pero no más que a ella, luego, cuando le tocó seguirle a Moni el de la medicación.

La abulia de mi mujer, sus repentinas lagunas, la "robotización" de su cuerpo, como lo llamaba Sandra, le causaban a Aurora tanta impresión como a nosotros las incoherencias anglosajonas de su hija, su vestimenta estrambótica (¿hace falta aclarar que no se parecía ni un poco a la Monroe?) y su dificultad para socializar hasta en lo más básico. Puesto un caso al lado del otro, no sé quién gana. La tristeza, supongo; la tristeza de ver a un ser querido lejos de uno, físicamente tan cerca y a la vez en otra dimensión, inaccesible.

Pero ganaron las pastillas, en el mundo en general y también en el caso Marylin Monroe en particular, como su nombre ya lo estaba pidiendo. Cuando Aurora murió, trágicamente por cierto (la pisó un colectivo), su hija acudió tan rápido a la medicación psiquiátrica que dio la impresión de siempre haberla deseado. Fue lo que me terminó convenciendo de que Aurora había estado equivocada, aunque ahora sé que su postura tampoco debe ser tan inusual. Lo digo por una película que vi mucho más tarde, es decir, hace unos años, en la que pasaba algo parecido. Un hombre muy extraño, sin dudas esquizofrénico (aunque la palabra creo que no aparecía en la película), se compraba una muñeca sexual, pero no de esas que se inflan sino de las de silicona, altas como personas y de facciones muy realistas. El hombre se la presentaba a una pareja amiga como si fuera una mujer de verdad, de hecho, como si fuera su novia, y lo primero que hacían ellos era consultar a un profesional. ¿Y qué les decía el profesional? Que tenían que seguirle el juego.

Todo eso es exactamente lo que Sandra dijo desde el primer momento que no había que hacer nunca con Moni. Escarbar en el delirio, me explicó, es aumentar su importancia y su carácter afectivo, lo cual facilita que se grabe en la memoria y dificulta luego su extirpación. "De un árbol que vos no plantaste y del que no te interesa la sombra tampoco vas a dejar que eche raíces", acudió a una metáfora botánica para graficarme el tema. Freud mismo decía al parecer que a los esquizofrénicos no había que psicoanalizarlos, y solo a un esquizofrénico como Lacan (se sobrentiende que la definición no es mía, sino de Sandra) se le podía haber ocurrido contradecirlo y asegurar que son pacientes tratables mediante el análisis. "Al menos que a vos te interese financiar cinco años de sesiones para al fin saber que a tu esposa no le gustó cuando su mamá le dejó de dar la teta, lo mejor es ni recordárselo", fueron sus palabras.

Sus palabras, y cómo las pronunciaba, fue lo segundo que me gustó de Sandra, ya desde nuestro primer encuentro en su zoológico de tortugas. No solo hablaba mal, sino también pronto, en ambos casos en el sentido positivo de los términos, y aun de la expresión: al contrario de esos médicos insufribles que pronuncian pedantemente lento conceptos inentendibles, Sandra llamaba al pan pan, sin más vueltas. Con Moni, sin ir más lejos, hizo lo que le tenía que hacer y la curó. Si habló con ella de su pasado, fue solo para comprobar que ya tenía de joven los típicos signos de esquizofrenia, además de antecedentes en su familia. Y si habló del presente, fue solo para que volviera a llevar una vida normal. Pero la mejor prueba de este pragmatismo inconmovible es tal vez la historia del profesor alemán de pintura, que hasta a mí logró engañarme.

Porque entre aquella internación y este nuevo brote, en estos veinticinco años de aparente calma, aunque como ya he insinuado la calma puede ser por momentos más angustiante que la tormenta, así como a nadie le gusta ser testigo de los delirios de la propia esposa tampoco es agradable verla sin ánimo para nada, encerrada en sí misma, abúlicamente ida; entre creerse madre del Mal e hija de la historia argentina, Moni tuvo otro breve episodio, breve y secreto, pues ocurrió a mis espaldas y hasta el día de hoy no sabe que yo me enteré. Fue su nueva profesora de pintura la que me lo reveló, asustada por lo que Moni le había contado en una de sus clases.

La historia involucraba a su anterior profesor de pintura, un alemán que tuvo cuando recién nos casamos, a sus veintidós años. Al parecer, en una de estas clases el hombre se había masturbado delante de ella, o a escondidas detrás de un bastidor, pero de forma lo suficientemente manifiesta como para que Moni no solo lo notara, sino que incluso se sintiera estimulada. Al verla excitarse, el artista este había llegado al orgasmo y, siempre según Moni (siempre según la nueva profe de pintura), su semen había volado por encima de la mesa, se había colado entre las piernas de mi mujer y la había dejado embarazada. Conclusión: nuestra primera hija, que para colmo tiene un nombre de origen alemán, Yohana, no era mía, sino del nazi aquel.

La profesora de pintura no me contó esto porque le preocupara mucho la posible traición de mi esposa ni la traidora posibilidad de que yo no fuera padre de quien creía ser, sino porque había interpretado la historia como el relato, apenas oculto por el realismo mágico de su metáfora central, de una violación. Sandra, la primera a quien consulté, no dudó un segundo (¡nada como un médico que no duda!) y desestimó esta interpretación como un delirio más grande que inventado por Moni. "¿Vos creés que si te violan vas a contarlo usando de metáfora la del semen que vuela como un pajarito? No seamos pajarones, tesoro". Naturalmente desestimó también indagar en la historia, escarbando hasta dar con algo, como hubiera hecho un psicoanalista. "El delirio es un barril sin fondo en el que no hay una sola gota de nada —me dijo—. *In vino veritas*, mi cielo, pero *in barril, niente*". Sandra le subió la dosis de medicación y no se habló más del tema, ni siquiera Moni volvió a mencionarlo en las entrevistas que tenía con ella cada tres meses.

Pero yo, pajarón de mí, quedé enganchado con la historia. Quiero decir que sí me creí que mi primera hija acaso no fuera mía. El Diablo, en el nacimiento de Miguel, no parecía haber sido competencia, tal vez porque asumí que en ese caso la metáfora sí podía ser real, es decir que el Diablo fuera yo. Como admití frente a Sandra, no estábamos pasando por el mejor momento de nuestra vida marital, y en el fondo no me hubiera extrañado que Moni me viera como el Mal encarnado. Aunque también quedaba la posibilidad de que la mala fuera ella, y que a mí me tocara el papel del Demonio, por eso de que lleva cuernos. Las metáforas tienen ese problema, nunca son del todo claras y se las puede interpretar para un lado o para el otro, a veces en sentidos exactamente opuestos. El otro problema es que, si uno se pone a escarbar, todo puede ser una metáfora, o al menos un indicio. Por eso no niego que el psicoanálisis tal vez sirva para curar, pero nadie me puede negar a mí que tiene todos los ingredientes para también enfermarte la cabeza.

Diablo o no, pues, lo cierto es que me creí lo del profesor alemán, y hasta lo busqué. Por suerte para él se había ido del país, y por suerte para mí a Yohana le detectaron por esa época talasemia, una enfermedad hereditaria que yo también tengo y que para colmo de bienes no existe en Alemania, o sea que era mía y solo mía. Suena cruel decir que fue una suerte, pero así lo sentí y es justo que así lo cuente. Por eso decía antes que, con o sin ADN, el tema de las filiaciones es muy delicado, y hasta el absurdo más cómico puede desatarlas, tanto como la realidad más horrible volver a calmarlas.

Igual supongo que creerle a Moni su aventura con el nazi fue un acto de amor, como de alguna forma también lo fue ahora llevarla a Crespo. Nadie que no esté cerca de una persona con la enfermedad que tiene mi esposa puede entender con cuánta ansiedad uno espera que todo lo que diga sea cierto, porque eso significaría que se ha curado definitivamente. Y cuanto más absurdo es lo que nos dice, con tanto mayor ahínco esperamos que la realidad lo confirme. Es una esperanza tan fuerte que no la mata ni la certeza científica de que la esquizofrenia no se cura, así como tampoco se desarrolla, sino que está ahí desde antes de que nazcamos, explota en algún momento y luego se va con nosotros a la tumba, como parte de nuestra personalidad, o de nuestras personalidades.

Sandra me dio a leer una vez un libro muy interesante sobre el tema, *Los tres Cristos de Ypsilanti*. "Es sobre un delirio de filiación, pero en versión deluxe: todos se creen hijos de Dios", me anunció. En el libro se cuenta un experimento que hicieron unos psiquiatras en un manicomio norteamericano, donde juntaron a tres personas que se creían Cristo, a ver qué pasaba. Y lo cierto es que no pasaba nada. Aunque Cristo hay uno solo, y dicen que ya murió, ninguno de los tres había dado el brazo a torcer, ni siquiera después de años de convivencia. "Mi teoría es que uno es Cristo, el otro es Mahoma y el tercero es el que esperan los judíos", me dio Sandra su solución al enigma.

Sandra, y esto es lo tercero que me gustó de ella, me enseñó a reírme un poco de mi desgracia. A reírme y a reírnos, porque también Moni puede hacer chistes sobre sus delirios, al menos cuando ya se le han pasado. "No sé por qué no elegí al profesor de gimnasia, que al menos estaba fuerte", me contó Sandra que le dijo una vez que la nueva dosis le hizo efecto. Por estas cosas Sandra consideraba a Moni como una paciente especial. "Tu esposa tiene una esquizofrenia divina", me dijo más de una vez. No sé cuántos pacientes perdió por hablarle así a sus parejas. En mi caso, me terminó de conquistar.

Todo esto espero que explique entonces por qué me fui ese sábado hasta Crespo, primero, y por qué toleré la reprimenda de la psiquiatra, después. Porque después de que la única monja que quedaba del convento, ya clausurado, nos explicara que solo habían tenido tres casos de embarazo en el convento, y que en los tres las pecadoras habían sido enviadas a Brasil; después de que Moni empezara a decir que ahora ella se acordaba de que su madre era brasilera y hasta empezara a hablar en portugués, o en lo que ella creía que era portugués; recién después se me ocurrió que acaso lo conveniente fuera llamar a Sandra.

—Pero escuchame, dulzura, ¿vos sos sordo o simplemente te cagás en lo que te digo? —fueron, sin quitarles ni agregarles nada, las palabras de la madre que me hubiera gustado tener.

—En realidad vinimos también a visitar a su hermana, que como sabés se está muriendo —fue mi cobarde defensa.

Y visitamos a su hermana, que efectivamente murió al poco tiempo. Y luego volvimos, no a casa, sino directo al consultorio. Esta vez hubo que cambiarle la medicación, y aunque Sandra no me sabe decir por qué la otra dejó de funcionar, o por qué esta ahora sí funciona, y por cuánto tiempo, lo cierto es que funciona. Para otros será poco, para mí y para Moni sigue siendo suficiente.

Claro y contundente

Claudia Piñeiro

Deja a Agustín en el colegio. No se baja, ahora no hace falta. Antes lo hacía, cuando su hijo era más chico. Buscaba un lugar, estacionaba el auto, le sacaba el cinturón de seguridad —si es que Agustín le había permitido que se lo abrochara— y lo ayudaba a bajar. Ya fuera del auto, con una mano lo sostenía del brazo y con la otra agarraba su mochila, se fijaba que no la hubiera abierto en el camino y no se le hubiera caído nada, y luego se la colgaba en la espalda. Mientras tanto Agustín se movía con una energía para ella desconocida a esa hora de la mañana. Todavía sosteniéndolo del brazo, guiaba a su hijo por los caminos del estacionamiento hasta llegar al edificio y, recién junto a la puerta, le daba un beso en la frente y lo soltaba. Agustín, antes de irse, le decía: "Chau, mamá linda". Ella le sonreía y contestaba el saludo: "Chau, hijo lindo". Entonces sí, él salía corriendo por el pasillo, se tropezaba con algún compañero o con alguna maestra, tambaleaba o hacía tambalear al otro pero no se detenía, y luego desaparecía corriendo en dirección al aula. Y ella se volvía al auto sin mirar la cara de la maestra a la que su hijo acababa de atropellar, ni la de la madre que esperaba en la puerta a su lado y había sido testigo del episodio. Eso era antes. Cuando Agustín era chico. O más chico. Ahora tiene doce años. "Dejalo crecer", le decía su marido. Y ella por fin lo dejó. Cómo no dejarlo si el año que viene empieza el colegio secundario. Antes ella se bajaba, ahora ya no. Ahora se pone un tapado sobre el mismo pijama, se calza un par de zapatillas sin atarse los cordones, maneja las quince cuadras que separan su casa del colegio, estaciona en doble fila y le dice: "Bajate". Y él se baja. Y ella grita: "¡La mochila!", sin verificar si Agustín se la olvidó en el auto o la lleva con él, y Agustín vuelve y la agarra. A veces cree que él ya no se la olvida sin querer, que lo hace a propósito. Para que ella baje la ventanilla del acompañante y grite: "¡La mochila!", y él así tenga que volver al auto y mirarla una vez más. Y ella mirarlo a él. Pero Agustín ya no le dice: "Chau, mamá linda". Ni ella le contesta: "Chau, hijo lindo".

Como todas las mañanas Luciana vuelve a su casa y se mete otra vez en la cama. A leer el diario y desayunar. Aunque si no desayunara y no leyera el diario, también se metería en la cama. A esa hora de la mañana no le es posible encarar el día. Sabe que cuando suena el despertador se tiene que levantar y llevar a Agustín al colegio, no lo piensa, lo hace. Hay cosas, algunas pocas, que no se cuestiona: llevar a su hijo al colegio, por ejemplo. Pero hasta ahí llega, como una autómata. Y luego otra vez a la cama. Ese día, cuando ella regresa, Andrés se está terminando de bañar. O ya terminó, no sabe. Cada tanto su marido deja la canilla abierta aun después de haberse bañado. Si ella se lo hace notar, él dice que la deja así mientras se afeita para que el vapor haga que la barba esté más blanda. Pero en ocasiones Andrés se fue y el agua siguió corriendo. Esa mañana, sin embargo, él cerró la canilla. La acaba de cerrar. Y sale, desnudo, avanza por el pasillo a la derecha de ella y se mete dentro del vestidor, pero no cierra la puerta. Ella no lo mira, pero intuye cada uno de sus movimientos. Andrés se seca algunas gotas que todavía tiene sobre la espalada. Agita el pelo con la toalla, lo sacude. Después se viste. A Luciana le gustaría decirle que no se olvide, recordárselo para estar segura de que irá, evitarse el disgusto. Pero sabe que a él le molesta que esté todo el día poniéndolo a prueba, se fastidia. Se lo dijo la hermana de Andrés, su cuñada, la última vez que se juntaron a tomar un café: "No lo controles más, no es tu hijo, es tu marido, se mata laburando por ustedes, ¿qué más querés?". Pero su cuñada sigue soltera a los casi cuarenta, viaja por el mundo por su trabajo, no tiene hijos y, fundamentalmente, no vive con Andrés. Además, cuando vivía con él en la casa familiar Andrés no era su marido sino su hermano, por lo que cuando desconectaba del cable que lo une al mundo, como lo sigue desconectando ahora, la sensación para su cuñada no debe haber sido la misma que para ella. "A esta altura de la vida no lo vas a cambiar", también le dijo, y ella sabe que es así. Pero Luciana no lo hace por Andrés, sino por ella. Porque cuando él se olvida de algo, cuando su marido pierde la billetera como suele hacerlo dos o tres veces al año, cuando pierde las llaves de la casa, cuando pregunta algo que ella acaba de decirle como si nunca lo hubiera escuchado, o no encuentra la chequera, el DNI o las llaves del auto, a ella se le dispara un mecanismo claro y contundente que no puede controlar, y quisiera, sencillamente, matar a alguien. No necesariamente a Andrés, sino a quien sea. A alguien. Matar. Agarrar un revólver, cargarlo, guardarlo en la cartera y en cuanto ese alguien, cualquiera, le dé pie suficiente, disparar.

Para cuando ella está leyendo el suplemento de espectáculos, Andrés se anuda la corbata frente al espejo. Luego se pone el saco, agarra el maletín, se acerca, le da un beso en la frente y se despide. Luciana le diría, le advertiría: "No te olvides, Andrés, no te olvides de la reunión de hoy". Pero se controla, no lo dice, confía, o no confía pero se obliga a confiar, como le aconsejó su cuñada. Si ya se lo dijo anoche, mientras cenaban. Y volvió a sacar el tema, como al pasar, en la cama antes de apagar el televisor. Sabe que si lo dice otra vez, él se enojará por más que no se acuerde. Interpretará que ella cree que no le importa su hijo, que se olvida de la reunión en el colegio porque le preocupa más el trabajo que ninguna otra cosa en el mundo. Pero no es así, ella sabe que a Andrés Agustín le importa y mucho. Seguramente le importa más que ella. Pero también sabe que su marido se olvida, se distrae. No en el trabajo, en el trabajo es el mejor analista financiero del banco donde está hace cinco años, según dijo el Director General en la fiesta de fin de año, en el micrófono, para que escucharan todos. Y eso le valió un aumento de casi el 70%. Y un bonus que pagó unas demoradas vacaciones en Punta Cana. Fuera del banco Andrés es otra persona, como si tanto esfuerzo para concentrarse en lo que hace, le impidiera prestar atención a otras cosas que no sean el trabajo. Pero como dice su cuñada: "Tanto lío porque perdió alguna vez la billetera, ya me gustaría verte a vos haciendo las operaciones financieras que hace él todos los días". Ella no podría, es cierto. No le interesan las finanzas, no es buena para la matemática, ni mucho menos la excitan los negocios como a su marido. Ella puede llevar a su hijo al colegio, ir a buscarlo a la salida, ayudarlo con la tarea, acompañarlo a la psicopedagoga, al médico, a cumpleaños, a practicar alguno de los tantos deportes que intentó hacer, y no mucho más.

Andrés se despide, le da un beso en la frente y se va. Dos minutos después entra otra vez a la habitación. "¿Qué te olvidaste?", le pregunta ella. "Sí", dice él, pero no aclara qué se olvidó. "¿Qué te olvidaste?", vuelve a preguntar. "Los zapatos", dice él, como quien dice la agenda o el teléfono. Andrés se calza sin soltar el maletín y se va, esta vez no repite ni el saludo ni el beso. Ella ya no puede contenerse, quisiera pero no puede, y cuando los pasos de su marido se alejan por el pasillo le grita desde la cama: "¡No te olvides de la reunión de hoy en el colegio!" Y después de su grito se produce un silencio, un espacio sin respuesta que a ella le hace pensar que Andrés, efectivamente, se había olvidado. Entonces él grita: "Era a las cuatro, ¿no?". Ella siente que se desbarranca por la ladera de un cerro lleno de piedras y tierra seca. Pero no lo trasmite en su voz, finge, y con el tono más calmo que puede emitir dice: "A las tres, Andrés, la reunión es a las tres". Y no sabe si él la escuchó o no porque no le contesta. Se oye el golpe de la puerta, el motor del auto y las ruedas avanzando por el camino de grava. Luciana en un impulso, como si necesitara detenerlo, agarra el teléfono y empieza a escribir un mensaje en el que le confirma otra vez el horario de la reunión. Pero no lo envía, se detiene, a tiempo. Lo va a hacer, más tarde, cerca del mediodía, para no abusar ahora, para no fastidiarlo. Y por si metido en su vorágine de trabajo en un par de horas él se olvida otra vez.

A las once y media por fin Luciana se levanta. Se quedaría un poco más en la cama, pero tiene un almuerzo. No quiere ir y no le queda más remedio. Es con las madres del grado de Agustín. Desde hace años que trata de verlas lo menos posible. Muchas veces tuvo que escuchar alguna frase desafortunada con respecto a Agustín, dicha "con las mejores intenciones", y en uno de los últimos encuentros ella reaccionó mal, lo que produjo una situación incómoda para todas. Reaccionó mal quiere decir contestó con firmeza. Contestó a una agresión dicha en tono suave. Pero fue ella la que subió el tono, algo que las buenas costumbres no aceptan. Ya no se acuerda qué fue lo que la hizo reaccionar así. Habían sido tantas las frases que le molestaron en estos años de escolaridad de su hijo que debería haberlas anotado para no olvidarse. "Yo te admiro, criar a ese chico es mucho trabajo", "Lo vi muy agresivo el otro día en el colegio, ¿sigue tomando la medicación?", o "Qué maravilla lo que cambió Agustín con el tratamiento, es otro". Y debe haber sido eso, ese último comentario, tal vez el más inocente, el que la sacó de quicio. Porque si algo le duele a Luciana todavía hoy es que su hijo se haya convertido en otro. A ella no le molestaba cuando él se movía en la silla mientras cenaba, ni si la chocaba con torpeza al salir apurado, ni si hacía muchas más preguntas de las que otra madre y ninguna maestra podrían soportar. A ella le gustaba más el Agustín que en medio de toda esa energía que a los demás tanto irritaba le decía: "Chau, mamá linda". Y ese Agustín no está más. Porque para seguir en el colegio donde todas esas mujeres con las que hoy va a almorzar mandan a sus hijos, él tenía que ser otro. Uno parecido a los hijos de ellas. Por eso no las ve hace tiempo, porque sus comentarios aunque se refieran al gimnasio, o a la mucama, o a la liquidación donde se compraron la mejor ropa de la temporada, no solo la sacan de quicio, sino que llegaron a producirle el mismo sentimiento que los olvidos de Andrés: ganas de matar a alguien. Tomar un revolver desarmado, acomodar sus piezas, cargarlo, guardarlo en la cartera, y en el momento en que con claridad y contundencia ella sienta la necesidad de matar a alguien, hacerlo.

Esta vez va porque las madres del colegio se reúnen para organizar la fiesta de egresados de primaria. A ella le sorprendió recibir el mail con la convocatoria, en su época no se hacían fiestas cuando uno terminaba el colegio primario. Preguntó a un par de aquellas madres con las que mejor se llevaba, o de aquellas con las que no se llevaba tan mal, y le dijeron que ahora sí, que ahora la hacen todos. Si es así, si la hacen todos, ella y su hijo van a participar. Y Andrés. Pero a él le dirá una vez que esté todo cerrado, cuando haya que poner la plata para los gastos. Antes no, antes se va a ocupar ella que es la que tiene más tiempo.

Llega unos minutos tarde y, aunque hay algunos lugares libres más al centro de la mesa, Luciana se sienta en una punta. Saluda agitando la mano en el aire, y tira dos o tres besos a cualquier parte. Después de que cada una hace su pedido y mientras discuten si además de la fiesta mandan imprimir buzo o remera con el nombre de los chicos, ella le envía a Andrés el mensaje pendiente. Lo modifica un poco para que no parezca que lo envía para ver si él se olvidó o no, o si se equivocó otra vez con el horario o no. Escribe: "Estoy almorzando con las mamás del colegio. Creo que llego justo, pero si no me ves en el estacionamiento no te preocupes, a las tres, tres y unos minutos a lo sumo, estoy ahí". En el momento en que levanta la vista del teléfono, una de las madres se está proponiendo como encargada para buscar fotos de todos los chicos desde sala de dos a sexto grado y hacer un "videíto". Ella sonríe y asiente, en cambio la madre que está sentada junto a ella se queja: "Mejor las fotos de cada uno de los chicos te las mandamos nosotras, porque quizás vos seleccionás alguna que no nos gusta". Y otra se suma a la moción: "Además, hay chicos que no van desde sala de dos, y si usás solo las del colegio van a aparecer muchas menos veces". "Yo propongo que cada chico aparezca tres veces, en foto grupal o individual, pero tres cada uno para que sea justo", dice la que está anotando los nombres de los chicos para estamparlos en la remera que todavía no acordaron hacer. A Luciana le parece que por fin todas coinciden y van a pasar a otro tema, pero entonces una madre a la que ve por primera vez en su vida dice: "¿Y si en vez del video hacemos un álbum de fotos, así como hacen en las universidades norteamericanas?". Entonces la discusión comienza otra vez. A las tres menos cuarto, Luciana se para, pide que cuando sepan le avisen por mail cuánto hay que poner por la fiesta, el video y la remera, y que cuenten con ella para lo que sea, pero que se tiene que ir "porque llega tarde a otro compromiso". No menciona la reunión en el colegio. Abre la cartera, pesada, esa que hace tiempo que no cambia aunque no le combine con los zapatos, la única donde le entra todo lo que necesita llevar con ella, revuelve dentro y saca los billetes aproximados como para pagar su parte de la comida. Le deja el dinero a la madre que tiene más cerca, saluda otra vez con la mano y una sonrisa. Pero antes de irse una madre la detiene: "¿Agustín sigue en el colegio el año que viene?". Y ella dice: "¿Cómo?". No entiende la pregunta. O no la quiere entender. ¿Por qué no va a seguir su hijo en el colegio? ¿Qué le está queriendo decir esa mujer? Ya no podía tratarse como años atrás de que la reinscripción de su hijo peligraba porque alguna madre iba a quejarse por el comportamiento de Agustín. Eso no, hace rato que se porta bien. Desde que está medicado. Desde que dejó de decir "Chau, mamá linda". Porque ella y Andrés "colaboraron", así le dijeron en el colegio, "y eso, que la familia apoye en la formación de un chiquito, nosotros lo valoramos mucho". Ellos, Andrés y Luciana, lo llevaron a terapia, le hicieron estudios, tests, análisis, todo lo necesario hasta que les propusieron darle medicación. Y, por fin, también aceptaron eso, medicarlo, para colaborar, para que Agustín pudiera seguir en ese colegio, ser uno más, ser uno como todos. Ante su silencio la mujer repite la pregunta: "¿Tu chico sigue en la secundaria o lo pasas a otro colegio?". Y ella, que ahora siente con claridad y contundencia ganas de matar a alguien, que tiene la necesidad de agarrar ese revólver que fue de su padre y dispararle a cualquiera de esas mujeres justo en el medio de la frente o, si tuviera la puntería suficiente entre ojo y ojo, responde con la mayor calma que puede: "Sí, claro que sigue en el colegio". Pero se da cuenta, por la cara con que la miran las demás, de que esa mujer no es la única que sospecha que quizás Agustín haga el secundario en otro colegio, no en el de sus hijos, no un colegio bilingüe, doble turno, exigente, el colegio al que sí van los hijos de todas ellas. Sin embargo, Luciana por ahora no va a matar a nadie. Aunque quiera, aunque sienta el deseo. Solo lo piensa, como lo pensaba su padre. "¿Para qué tenés ese revólver, Carlos?", le decía su madre cuando él lo limpiaba cada tanto y lo volvía a guardar, siempre sin balas, siempre escondido en el fondo del placard, siempre envuelto en un paño de fieltro. "Por si un día me decido y mato a alguien", contestaba su padre y todos se reían. "Sí, sí", dice ella otra vez, "Agustín sigue", y se va.

Maneja las pocas cuadras que la separan del colegio con ansiedad. Deja el auto en el estacionamiento y busca el de Andrés, pero no lo ve. Se inquieta. No puede llamarlo y preguntarle si se acordó, pero sí puede decir: "¿Por dónde estás?, ¿te espero para empezar?". Y eso hace. Él le contesta que está por el peaje, que lo espere. Y ella sabe que si Andrés dice que está por el peaje es que recién entró a la Panamericana y que todavía tiene para quince minutos más si el tránsito lo acompaña. Luciana entonces camina despacio, deja que pase el tiempo, pero tampoco tanto como para retrasarse demasiado, no quiere que la directora se predisponga mal. A las tres y cinco pasadas se anuncia. "Andrés está llegando", le dice a la preceptora, "pero si están apuradas deciles que podemos empezar". A las tres y diez la directora la hace pasar. Dentro de su oficina ya están sentadas una de las varias maestras de Andrés —la que está a cargo del curso— y la psicopedagoga. Luciana se sienta en una de las dos sillas que quedan libres. "Mi marido está llegando", repite delante de ellas, "pero empecemos si quieren". "Bueno", dice la directora, abre una carpeta que tiene frente a ella y está a punto de seguir cuando Andrés entra sin golpear la puerta, con el celular en la oreja terminando una llamada, les sonríe mientras dice dos o tres frases más al teléfono, luego corta, lo guarda en el bolsillo, pide disculpas por el retraso y se sienta. Después de alguna broma más de él festejada por las mujeres presentes, la directora le hace un gesto a la psicopedagoga como para que empiece: "Lo primero que queremos que sepan es que estamos muy orgullosas del proceso que Agustín hizo en el colegio. Somos conscientes de que nosotros acompañamos desde acá y ustedes desde casa, con mucho esfuerzo y con muy buenos resultados". Luego sigue la directora: "Agustín hoy es un chico muy querido, va a egresar de esta primaria con los mismos compañeros que tuvo desde sala de dos y eso para nosotros es muy importante, un logro de él y de todos". A pesar de los elogios, Luciana sabe que esto no va bien, lo intuye, nunca la llamaron a una reunión para elogiar a su hijo. Pero aún no tiene una señal clara, mucho menos contundente, por eso puede controlar que su mecanismo, por ahora, no se dispare. "Sí, sí", dice Andrés, "fue buenísimo". La maestra sonríe y asiente, pero enseguida mira el piso y mueve los pies con incomodidad. La directora no deja que se produzca un silencio y dice: "Sin embargo, también tenemos la obligación de decirles que nos parece que Agustín no va a poder hacer una buena secundaria en esta institución". Ahora sí Luciana siente que el mecanismo se pone en funcionamiento. "La currícula acá es muy exigente", dice la directora, "los exámenes internacionales, la carga horaria". Andrés se pone tenso, cruza los brazos pero deja que la mujer diga todo lo que tiene para decir. "Julia", continúa la directora y señala a la maestra que levanta la vista un instante, la mira y enseguida vuelve a clavarla en sus pies, "tuvo que hacer un trabajo personalizado con él para que pudiera alcanzar las expectativas de logro de sexto grado". A Luciana se le aprieta el estómago; estruja contra él la cartera que lleva como si eso pudiera detener el dolor. Eso puede detener el dolor. La directora está diciendo algo, o repitiendo lo que ya dijo, Andrés la interrumpe: "Con el dinero que pagamos por mes lo menos que pueden hacer es un trabajo personalizado como el que se supone que hicieron con nuestro hijo hasta ahora, y en la secundaria aumentan bastante la cuota así que seguramente podrán trabajar más y mejor". La directora está por contestarle, pero en ese momento suena el celular de Andrés. "Perdón, creí que lo había apagado", dice él y atiende, "¡Hola!, sí… ¿quién es?". Después de dos o tres frases más, corta y entonces continúa la psicopedagoga con el discurso que evidentemente había preparado antes de esa reunión: "En la secundaria él va a tener catorce profesores y no hay un maestro a cargo del curso como sucede hoy con Julia". "Ocúpese usted", le dice Andrés, "¿no se supone que está en el gabinete de no sé qué cosa?", y lo dice sin elevar la voz, sino usando un tono parecido al que usó hace un rato la madre que le preguntó a Luciana: "¿Agustín sigue en el colegio?". "Nosotros...", dice otra vez la directora, "queremos que su hijo esté bien, todos queremos eso, ustedes también, y estamos convencidos de que para que eso suceda lo mejor es buscar otro colegio para él, un colegio que lo presione menos, que tenga en cuenta sus diferencias". "Ya no tiene diferencias", interrumpe Luciana por primera vez en la reunión. "Sí, sí", dice la psicopedagoga, "en cuanto a su comportamiento Agustín hizo un vuelco increíble y lo valoramos mucho, pero le sigue costando la parte académica, va bien, pero no a la altura del nivel de excelencia del colegio". "¿Nivel de excelencia?", dice Andrés y se ríe, "mire, lo intentaremos, es nuestro riesgo y no creo que ustedes tengan argumentos legales suficientes". Y la palabra "legales" retumba en la oficina de la directora o eso le parece a Luciana que cada vez siente con más claridad y contundencia. "Si no nos dan la vacante para el año que viene", dice Andrés, "traeremos a un abogado y él se ocupará". La maestra de Agustín lo mira y luego mira a Luciana como si quisiera decirle algo, pero no se atreve y vuelve a bajar la vista. La directora dice: "Créame que esto es lo mejor para su hijo". "Créame usted", responde Andrés, "vamos a intentarlo". Luciana ahora apenas capta algunas palabras, lo único que la ocupa en este momento es ese deseo que tanto conoce: ganas de matar a alguien. Y el dolor que le atraviesa la columna vertebral, y el estómago que se le retuerce. Y su cartera. La abre, desliza el cierre y mete la mano dentro en el momento en que la psicopedagoga dice: "Es que el nivel de concentración de Agustín no es suficiente, la medicación ayudó en la parte del comportamiento, pero sigue teniendo problemas de concentración, no graves, pero limitantes". "Está triste", dice Luciana pero nadie la escucha. Intenta decirlo más fuerte: "Está triste", repite casi en un grito. La maestra la mira. "¿Qué decís?", la reprende Andrés, "esto no tiene nada que ver con la tristeza, esto tiene que ver con la pésima predisposición de este colegio para hacerse cargo de un chico que sale del estándar". "No es así, y usted lo sabe, nosotros siempre...", dice la directora. "Ya no sale del estándar", dice Luciana pero otra vez nadie la escucha, ni siquiera la maestra, porque para controlar el mecanismo ella aprieta demasiado los dientes cuando lo dice. "Yo lo que sé, es lo que me va a decir mi abogado cuando salga de acá y lo llame", advierte Andrés. "¿Vamos?", le dice a Luciana que aún no se mueve de la silla, y no es una pregunta, sino una orden. Ella lo mira, luego a la psicopedagoga, luego a la directora, y por último a la maestra. Los mira a todos, uno por uno. En la frente, justo entre los dos ojos, pero no se levanta de la silla todavía. Los demás la esperan sabiendo que necesita tiempo, aunque no saben para qué. "Agustín no es más diferente", dice Luciana, "ahora es como todos". Y por fin se para con la cartera abierta, su mano adentro, el dedo índice en el gatillo del que fue el revólver de su padre, cargado. Con la mano y el revólver aún dentro de la cartera apunta, a cualquiera, no importa a quién. Va de una frente a otra: Andrés, la directora, la psicopedagoga, la maestra. Porque esta vez a lo mejor sí, a lo mejor junta el coraje suficiente. Chau, hijo lindo. Tal vez hoy por fin, antes de salir de esa oficina, Luciana se saque las ganas.

El editor maldito

Oliverio Coelho

La historia de la literatura está repleta de escritores malditos. De los editores malditos se dice poco y nada. Ángelo Vivanco, durante sus primeros quince años de vida en la editorial Éter, construyó un catálogo equilibrado y rentable, en el que convivía una literatura comercial y de mediano alcance, con novelas que satisfacían el gusto más exigente de los lectores de suplementos literarios dominicales y de las revistas *Harpers*, *Granta* y *Readers Digest* a las que el mismo Vivanco, a fin de conocer la psicología de los lectores de su época, estaba suscripto a pesar de no hablar una sola palabra de inglés.

Quince años de ventas sostenidas, un catálogo prolijo que editoriales internacionales hojeaban al momento de comprar derechos en Argentina, hicieron de Éter una editorial modelo en Latinoamérica, la primera en absorber con gran olfato editoriales en quiebra que habían apostado ciegamente por una literatura menor. Todo, naturalmente, era parte del plan maestro que Ángelo Vivanco tramó para monopolizar el mercado editorial argentino. Diversas colecciones florecieron en Éter[1], y cada director, en estricta subordinación a Vivanco, se

[1] Sabores y Colores: libros de cocina y jardinería; Global: guías de viaje; Piedra Movediza: novela internacional y nacional; Lámpara Mágica: autoayuda; Temas: investigación periodística, actualidad y economía. Arlequín: literatura infantil y adolescente.

desempeñó sin sobresaltos, hasta que inusitados problemas financieros y cambios bruscos se presentaron en la editorial. Hasta entonces Vivanco había sido amo y señor de la empresa, y no había aceptado a su lado editores que lo contrariaran.

A la vuelta de unas vacaciones de verano, el equipo de la editorial asistió a un hecho que marcaría un antes y un después, y el inicio de un paulatino éxodo hacia editoriales secundarias que, como arponeros de una gran ballena, esperaban el momento de atacar y capturar escritores y editores formados por la mente visionaria de Vivanco. Después de quince años, y a punto de cumplir cinco décadas de vida, Ángelo tomó la decisión de suprimir su barba, y se presentó en la oficina como si nada. Tardaron en reconocerlo, o mejor dicho en acostumbrarse a gestos que siempre habían estado solapados por diversos velos además del capilar: el de la introspección, pero también el que provenía del automatismo tortuoso de fumar prendiendo un cigarrillo con la colilla del último. La extrañeza de ver la cara de Vivanco llena, como engordada por su propia gestualidad, fue eclipsada tres días después por la sorpresa de verlo llegar con lentes negros, trasnochado y en pantalones deportivos, y presenciar cómo se desplomaba en el sillón ergonómico de su oficina para una siesta, trasgresión que al poco tiempo se transformaría en hábito.

Que intercambiara bromas obscenas con los empleados de mantenimiento, o que reclamara la opinión de la diseñadora para aprobar tal o cual contratapa, o que convocara a los directores de colección para definir el plan editorial del año siguiente —que pronto entendieron se le confundía con el de años anteriores—, como si recién se iniciara en el oficio, distanció a sus colaboradores más cercanos y acercó a quienes, por venir de disciplinas no letradas, conocieron por primera vez la voz y la sonrisa de un jefe que antes se atrincheraba a fumar y leer en su despacho, detrás de pilas de manuscritos, y que emitía comunicados o respondía correos a través de su secretaria, Beatriz Garnero, la primera en desertar.

Quienes permanecieron a su lado fueron los primeros en ocupar casilleros vacíos y urdir planes para usufructuar el temperamento audaz de Vivanco con propuestas que desacartonaran la línea algo conservadora de la editorial. Aunque gracias a ese prestigioso acartonamiento sobraban libros exitosos en el catálogo de Éter, el cadete de la editorial, Felipe Solano, persuadió a Vivanco de que desaprovechar a esa altura, con todo el futuro asegurado, la oportunidad para insertar la editorial en el mundo de los lectores de culto —lo cual equivalía a hacerla entrar en la verdadera historia de la literatura— era un pecado. Ángelo Vivanco palmeó la espalda de ese joven de diecinueve años que podía ser su hijo, lo habría abrazado si el otro no hubiera retrocedido atónito por una muestra de afecto nunca exhibida por el paterfamilias del mundo editorial argentino, y le dijo que en Éter cabían todos los libros que a él, y a la humanidad en general, se le pasaran por la cabeza. Ese mismo día, Ángelo Vivanco dejó en manos de Felipe Solano el diseño de una colección de "nuevas vanguardistas".

En un correo de Beatriz Garnero al responsable de recursos humanos, Adrián Peralta, leemos: "cada vez es más difícil atender los asuntos Ángelo. Su carácter es irascibble (sic), y pasa del maltrato al amor. Desde que decidió usar la computadora y responder sus propios correo (sic), al lado suyo soy nula como un perchero. Se porta como si yo no existiera. Le encarga a cualquiera que esté cerca tareas que eran exclusivamente mías. Creo que me retiró su confianza. Me resulta inexplicable y penoso, pero dadas las circunstancias sobro en la empresa y solicito el retiro voluntario, para poder continuar mi carrera profesional en una empresa que valore mi talento. Años al servicio de Éter justifican un retiro digno. Atentamente".

Cuando Adrián Peralta le refirió el caso a Ángelo, este no solo aprobó el retiro voluntario de Beatriz Garnero, una señorita de cuarenta y cinco años que en su tiempo libre cambiaba los ropajes de secretaría por los de tía, sino que la invitó a comer afuera —hasta donde sabemos, sin éxito- y le asignó una indemnización generosa que en una semana repercutió negativamente: hubo tres nuevos pedidos de retiro voluntario entre los más fieles al antiguo Ángelo, y oportunistas pedidos de aumento salarial entre empleados grises como

Felipe Solano, que comenzaron a ganar protagonismo e influencia en la política editorial de la empresa.

A todo Ángelo consintió, y él mismo, como si intentara participar de esa conjura, se otorgó un aumento generoso después de años de austeridad. Esto último, sumado a los ramalazos de lascivia que exhibió ante empleadas del área de contabilidad y marketing, terminaron por confirmar que el antiguo Ángelo, a quien no se le conocía una mujer y al que todos suponían célibe u homosexual reprimido, estaba decidido a atravesar un período audaz que compensara sus primeros cincuenta años monacales de vida.

En un correo de Francisco Rezzo, corrector profesional, a Elena Ponciano, encargada de derechos de autor, leemos: "Elenita, el clima que se respira es insoportable. Desde que el cerdo de Solano avanza con una colección de vanguardias, mi trabajo es denigrado. Vivanco me toma el pelo: a corregir palotes". El correo sigue, deriva en penosos asuntos de índole amorosa irresueltos entre Rezzo y Ponciano —no podemos deducir, pese a todo, si fueron amantes o no, aunque la prosa de Rezzo es de una intimidad sofocante cuando emplea diminutivos-, y cierra del siguiente modo: "o nos plegamos al retiro voluntario, o pedimos aumento. ¿Qué decís? Como todo acá se degeneró, el tarado de Vivanco quiere ahora que pase a ser lector de manuscritos para el premio Vivanco de novela. Más patético imposible".

Naturalmente, Felipe Solano, con el consentimiento de Vivanco, no tardó en ponerse al frente del jurado de preselección del premio que él mismo había impulsado para promover a una camada de nuevos narradores amigos con los cuales solía pasar noches de póker y whisky. Vivanco solo quería ahora exponerse a aquello que durante años había evitado por considerarlo prerrogativa de los autores: dar entrevistas y, en lo posible, ir a algún programa televisivo. Para estos fines la creación de un premio con su nombre no podía ser mejor idea. Aunque había perdido su famosa concentración para leer en cualquier ambiente y estaba harto de descubrir en los rincones de su oficina manuscritos escondidos como ratas, se autopostuló presidente del jurado y confió en la capacidad del joven Solano para descubrir talentos.

No había transcurrido un año cuando la mayoría de las colecciones redituables de Éter se descontinuaron, los autores más exitosos migraron, junto con los directores de colección, hacia editoriales parasitarias que comenzaron a crecer. Las oficinas de Éter pasaron a alojar, en ese período, a siete u ocho empelados jóvenes que adoraban la laxitud de Vivanco y cobraban sueldos generosos por reinventar a ese “monstruo kitch”[2] llamado Éter.

Los tres autores semiprestigiosos que el sello había mantenido un poco por amiguismo y otro poco por caridad[3], además de pasar a obtener adelantos por libros que no vendían, ocuparon sillones estratégicos en el consejo editorial de la colección Otras Vanguardias, rápidamente rebautizada como Vanguardias Derechas[4], dirigida por Solano, y se convirtieron en jurados del 1er Premio Vivanco de novela.

En el medio, por supuesto, hubo incidentes, alguna trifulca menor entre los miembros del jurado, demoras en la imprenta, profusión de erratas en los libros, desatinos a los que Ángelo Vivanco no les concedió la más mínima importancia, y hasta hubo un atentado que Elena Ponciano, principal damnificada, refirió de esta manera a Rezzo, largamente cesante en su actividad de corrector frente al avance de las vanguardias derechas: “como todos los días, llegué puntual. No había nadie en la oficina, salvo Vivanco, desnudo pero con medias, durmiendo en su sillón con el ventilador prendido al máximo”. (Cabe aclarar acá que desde hacía tiempo nadie se presentaba a trabajar a la mañana y que, pese a todo, Elena Ponciano cumplía con su horario como si nada hubiera cambiado, revisaba su casilla de correos, borraba los correos no deseados, se preparaba un té negro y hacía tiempo hasta que el cada vez más omnipotente Solano llegaba al mediodía. En ese lapso de tres o cuatro horas evitaba hacer ruidos

[2] Fórmula acuñada poco antes de renunciar por la directora de la colección Arlequín, y apropiada rápidamente por Solano y sus secuaces.

[3] Más de una vez se escuchó en boca de Vivanco la proposición “Dios le da pan al que no tiene dientes” para justificar su altruismo.

[4] VVDD.

que alteraran el descanso de Vivanco en su oficina, y encontraba en internet un estímulo). "Esto hubiera sido solo un paso en la degradasión (sic), pero al llegar a mi escritorio fue el colmo. No había CPU ni monitor".

Lo cierto es que, más allá del atentado, Elena Ponciano, desde que la mayoría de las colecciones habían sido desmanteladas y los editores habían migrado, boyaba por los pasillos de la editorial sin cumplir ninguna función. Por cierta informalidad que exigía, per se, la colección, cada título de vanguardias derechas salía publicado sin contrato. La tarea de Elena Ponciano consistía en enmendar, contra los intereses de la empresa, los contratos de los tres seudoescritores "larvarios"[5], que pese a su vanguardismo se rehusaban a publicar en la colección VVDD y preferían exprimir la confianza y los recursos de la sociedad Vivanco/Solano.

De modo que el atentado fue la gota que rebalsó el vaso y determinó la renuncia del último espécimen del antiguo modelo editorial de Éter. Ni siquiera pudo acceder al beneficio del retiro voluntario, porque el jefe de recursos humanos y legales, Adrián Peralta, se había dado a la fuga después de autoasignarse una indemnización que Vivanco firmó con los ojos cerrados.

En adelante la actividad editorial de Éter se redujo a deliberaciones salomónicas que a raíz del premio, casi a diario, en la oficina editorial tenían Solano y los tres seudoescritores. Vivanco solía estar ahí e intervenía con expresiones unimembres que los presentes aprobaban reprimiendo la risa: "calumnias pétreas", "pancho tinto", "chicana o luz". En cierto momento de la deliberación, la locuacidad que en Ángelo inspiraban las oraciones unimembres fue tan perturbadora que debieron trasladar las reuniones a un bar, lejos de Vivanco. Para entonces el momento esperado de las entrevistas llegó, pero la máquina de evocación unimembre había invadido al amo y señor de Éter, y el debut en un estudio televisivo se pospuso una vez más.

[5] Epíteto rencoroso empleado por el director de la colección Global para referirse a quienes gozaban de la confianza de Vivanco.

Pasado un año de la convocatoria del premio, producto de discusiones que estuvieron a punto de producir una fractura irreparable en el grupo, no habían elegido aún al ganador, aunque llegaron a un acuerdo para dar a conocer una lista de diez finalistas. Para entonces la empresa entró en quiebra[6]. Solano, al igual que los tres autores larvarios que formaban el jurado, no tuvieron más alternativa que resignarse y pelear un lugar en el mundo editorial porteño de la época. Al poco tiempo se desentendieron de Vivanco. Bajo el lema "al viejo hay que dejarlo hacer su vida, se las va arreglar", Solano abandonó sin culpas a su mentor, aunque alguna vez tuvo la deferencia de llamarlo a la oficina, quizás para verificar si la situación, por arte de magia, no se había revertido.

Uno de ellos, mucho tiempo después, montado en la influencia de la Chiva[7], ganaría un premio de renombre y perdería todo en una mesa de póker en Las Vegas. Otro dejaría de escribir y se abocaría exclusivamente a hacer informes editoriales y a destruir novedades en suplementos literarios. El tercero pasaría a ser el paladín vanguardista de las letras argentinas, y aunque nunca escribiría una novela vanguardista, se las ingeniaría para sumar adeptos y publicar poemas en prosa en editoriales parasitarias que, gracias a la diáspora eterina, se transformaron con el tiempo en empresas sólidas.

Lo cierto es que el día del remate, aproximadamente tres años después de que se presentara a trabajar sin barba, Ángelo Vivanco fue hallado en su oficina, fumando bajo el ventilador, en calzoncillos y medias, encogido y con la mirada perdida. "Guante mágico", "chistorra nunca", "ábrete sésamo", articuló el último editor maldito, sonriendo, como si evocara ensalmos secretos de la infancia, antes de ser desalojado. En las instalaciones no había luz, ni gas, ni teléfono, y salvo por un pequeño anaquel con primeras ediciones, nada indicaba que ahí hubiera existido una gran editorial argentina.

[6] Ignoramos si ya entonces se anunció el remate de la editorial y si esto, entre otros motivos, apuró la deserción de la tropa fiel a Vivanco.

[7] Apodo fálico por el que se conocía en la época a la agente literaria más poderosa de Latinoamérica.

Fantasmas del futuro

Esther Cross

Íbamos por la ruta 33, del pueblo al campo. Manejaba mi abuelo, que había ido a vernos para recobrarse de la muerte de mi abuela. Llegó en el Chevallier de la tarde y fuimos a buscarlo a la terminal con mi padre. Mi abuelo lo saludó con una palmada, levantó a mi hermano más chico, abrazó a mi hermano mayor y a mí me concedió una atención especial porque era la única chica y me dio un beso. Hacía años, comentó, que no venía al campo, y mi padre asintió, pero la paz entre esos dos duraba poco. Esa vez discutieron porque mi abuelo quería manejar y mi padre dijo "ya empezamos". Era cierto. Algo empezaba cada vez que aparecía el viejo. Ese día en la ruta fue distinto. Mi abuelo perdió la memoria en el camino. Dejó parte de ese viaje con nosotros hundida en el olvido.

Fue una sorpresa; la amnesia siempre lo es, según dicen. Nadie la hubiera predicho al verlo bajar del Chevallier. El viejo estaba saludable, excitado y bien vestido como siempre. Dijo que le dolía la cabeza porque el chofer del micro había roncado todo el camino y que viajar al interior le daba un poco de *jet lag*. Miraba una vez y otra el espejo retrovisor, como si nos estuvieran siguiendo, como si estuviésemos escapando, como si se estuviera dejando algo que después le haría falta. Pasamos una jaula de hacienda y se abalanzó sobre el volante. Vimos los novillos hacinados en el remolque y sobre la patente, el cartel fileteado que decía *Ulises, el Capo*. "¿No usabas anteojos para ver de lejos?", le preguntó mi padre a mi abuelo, que respondió: "Es cierto, pero no los necesito porque el campo no queda lejos" y se rió con su risa contagiosa. Después, cuando pasó todo, mis hermanos y yo nos acordamos de su broma y pensamos que había sido una ironía presentida. Si hubiera sabido lo que estaba por pasarle, lo que a lo mejor ya le pasaba, habría actuado de otra forma.

Mi abuelo no creía en Dios, pero cuando mi abuela agonizaba salió a buscar a un cura que le diera la extremaunción alegando que ella hubiera querido eso. Mi abuela estaba en coma y respiraba como una esponja, pero mi abuelo le confería poderes e intenciones y se designó su embajador. Pedía cosas de su parte y fue en su nombre que solicitó un sacerdote para el entierro. Después, mi abuelo entró en la etapa desafiante. "¿Por qué; con todos los malos bichos que hay en esta vida?", decía, en la mesa, cuando menos te lo esperabas, seguro de que podías completar la pregunta —y de que eso le daba la razón— con un resentimiento que lo llenaba de fuerza. Entonces volvía a su buen humor de siempre y seguía comiendo, como si nada. Podía arruinar almuerzos y reuniones. Mi padre decía que su padre no tenía límites. Pero esa tarde en la ruta tuvo un límite. Se lo puso su propia cabeza.

Habíamos salido del pueblo hacía unos minutos. Mi padre y mi abuelo hablaban sin mirarse. En el coche no parecía raro; podías pensar que estaban atentos al camino, pero ellos siempre hablaban así. Mi madre decía que estaba bien porque un cruce de miradas era suficiente para que se trenzaran. También explicaba la costumbre diciendo que mi abuelo y mi padre se habían pasado la infancia de mi padre en el cine, mirando la pantalla, y había quedado el hábito. Cuando fueron al entierro de mi abuela en el remis de la casa funeraria, también habían hablado así, mirando el cementerio al final de la avenida.

Al bajar del Chevallier esa tarde, mi abuelo se había empeñado en manejar. La idea se le ocurrió en cuanto vio el coche nuevo de mi padre. "Hace años que no manejo", dijo, para que mi padre lo entendiera. "Justamente por eso", le retrucó mi padre.

Pero mis hermanos y yo abogamos por mi abuelo. Desde que había enviudado, sus manías nos parecían más graciosas, y a veces atendibles. No había nada que él pidiese que mi madre no le diera. "Tampoco tiene que abrazarte así", decía mi padre, enojado con mi madre. El viejo aprovechaba para hacer lo que quería. "Toda la vida toleré que me marcaran por ser hijo único —decía mi padre— pero ¿alguien se puso a pensar en lo que es ser el único hijo de este malcriado?", preguntaba, con una sonrisa que borraba con el humo mientras fumaba, porque siempre fumaba. "¿Acaso me gusta ser el padre de mi padre, que es como ser mi propio abuelo?", seguía. Después había llegado el verano y nos habíamos ido al campo, y mi padre parecía un hombre nuevo. Pero ahora mi abuelo había venido a visitarnos, estaba al volante y nos llevaba directamente, sin escalas, a su olvido: una laguna de horas que iba a tragarse ese viaje, con nosotros inclusos, en su profundidad.

La pulseada fue breve. De un lado estaba mi padre. Del otro, mi abuelo y nosotros tres. Ganamos. Mi padre nos dejó ganar. Hizo una reverencia exagerada para cederle su lugar a mi abuelo y se sentó al lado. Mi abuelo nos agradeció el apoyo con la promesa de "castigar esa ruta". Mi padre cerró la boca. Aunque no dijera nada, te dabas cuenta. Su silencio latía, cargado.

El viejo tocó todos los botones y palancas del coche. A mi padre la nuca se le ponía colorada, y eso era una señal inequívoca de enojo. Mi abuelo pisó un pedal, saltó un chorro de agua y tuvo que prender el limpiaparabrisas. Aunque sabía que la radio solo captaba la emisora zonal, paseó el dial por todos los canales. Tiró de la manija que abría el capó y mi hermano mayor tuvo que bajar para cerrarlo de nuevo. Acomodó el espejo. Tanteó los bordes del asiento para empujarlo hacia atrás. Con la mano en la palanca del piso, hizo todos los cambios. Probó la baliza y las luces. Abrió y cerró la guantera. Le preguntó a mi padre para qué tenía una linterna si no tenía pilas.

Desde donde estábamos, se veía el cartel de la estación de Isaura, a la salida del pueblo. Mi abuelo pisó el acelerador, dijo "ahí vamos", dimos un par de corcovos y avanzamos por el Boulevard Villegas a una velocidad lenta, directamente fúnebre, que ni siquiera merecía el nombre de velocidad. Aceleró un poco cuando dejamos atrás la Antigua Casa Galver. Tomamos la ruta 33 aunque tuvo que corregir la dirección cuando mi padre le avisó que íbamos para el otro lado. "Arre", decía el viejo. El viento caliente te golpeaba los oídos. Levantaba humaredas de polvo a lo lejos.

Cuando nos acercamos a las vías, aminoró la marcha. Mi padre le dijo que podía seguir porque el tren estaba fuera de circulación hacía años. "A las armas las carga el diablo y a las vías también", le explicó mi abuelo y nos contó que había trenes que aparecían desde la nada, como fantasmas del futuro. Entonces se quedó mirando, con los ojos entornados, como si viniera algo que solamente él podía ver. En ese momento nos dimos cuenta de lo raro que estaba, nos quedamos con una parte de él que no era él estrictamente hablando.

Mi abuelo apagó el coche. Nos miró como si estuviera bajando del Chevallier, y quiso saber dónde estábamos. Así empezó la serenata de preguntas. ¿Dónde estamos?, ¿a dónde vamos?, ¿qué hacemos? Momentito, ¿qué hacemos?, ¿a dónde vamos?, ¿dónde estamos?, ¿de dónde venimos?, ¿de qué se ríen?, ¿por qué me miran así?. Hay preguntas que trascienden todas las respuestas. Es una de las cosas que aprendimos esa tarde.

Esa noche, cuando pasó todo, volvimos al campo, lejos de la ruta y de la clínica García Salinas. Estábamos en el jardín, eran las nueve de la noche pero había luz. El coche estaba en el galpón, mi padre estaba más tranquilo y mi abuelo había vuelto a ser mi abuelo. Ya estábamos lejos de la sala de emergencias, de la puerta vaivén, del llanto de un bebé. Mi abuelo no se acordaba de que había manejado, de la jaula de hacienda que decía *Ulises, el Capo*, de la enfermera que tuvo que repetirle diez veces que se llamaba Irma. El médico nos había dicho que el electroencefalograma de mi abuelo era normal y las radiografías eran normales. Era un médico joven que se llamaba Omeya. Tenía el nombre bordado en un bolsillo y zapatos gastados, de hombre mayor. En esa época no existían las tomografías computadas, pero en el pueblo no hubiera habido tomógrafos aunque hubiesen existido y el cerebro de mi abuelo, visto en rebanadas, tampoco hubiera registrado nada anormal. La vida puede explicarse y no puede explicarse.

Sentado en el jardín, el viejo nos preguntó qué había pasado. "Estuve en otro mundo —nos dijo, levantando la mano— lo malo es que no sé en cuál".

Algo podíamos adivinar de ese mundo desde el que nos hablaba mientras estaba perdido. Desde ahí preguntaba con esa voz cansada, y nos miraba estirando las manos para aferrarse a la orilla de lo real En ese mundo gobernaba nuestro mismo presidente —recordaba también el nombre del vicepresidente cuando el médico de guardia lo interrogó—. Las caras y las cosas se deshacían en cuanto dejaba de mirarlas porque cuando no las veía, ya no sabía que estaban. El doctor Omeya había hecho preguntas y mi abuelo había contestado bien. Había levantado los brazos con las palmas de las manos hacia arriba. Había caminado con un pie delante de otro, como un equilibrista. Se había tocado la punta de la nariz con los ojos cerrados; había hecho cada cosa. El viejo había hecho todo lo que le decían porque se había transformado en un hombre dócil —para resistir, hay que recodar.

Cuando paró el motor, cuando hizo esas preguntas terribles —preguntas filosóficas, dijo mi madre después— mi abuelo se había dado cuenta, de pronto, de que le faltaba algo. "¿Dónde está Elsa?", dijo. "¿Y su abuela?", nos preguntó. "¿Cuándo viene Elsa?", le dijo a mi padre. "¿Dónde está tu madre?", le gritó. Mi padre se bajó del coche, ayudó a bajar a mi abuelo, y se lo llevó a un lado. Vimos que hablaban. Después mi abuelo abrazó a mi padre. Por la ruta pasaba un carromato de cosecheros. Mi abuelo lloraba como una criatura. Durante todo el viaje a la clínica nos preguntó por la muerte de mi abuela. Tuvimos que contarle la larga enfermedad y la internación varias veces.

Cuando llegamos a la clínica García Salinas, nos sentamos en los bancos de la Sala de Guardia a esperar que llegara el doctor Omeya. Mi padre le preguntó a mi abuelo qué le pasaba, yendo y viniendo, y el viejo repetía "no sé, no sé, no sé". Podían colgarlo de un gancho cabeza abajo, arrancarle las muelas, romperle el elástico del cuerpo que solo podría decir que no sabía, solo podría decir la verdad. "Me preocupa", nos dijo mi padre, para justificar el enojo. "Solo sé que no sé nada", dijo mi abuelo y ese chiste le hizo pensar a mi padre que su padre podría regresar.

Cuando volvió a ser el mismo de siempre, lo matamos a preguntas. Lo último que recordaba era la cantidad "impresionante" de gente que había en Constitución, cuando fue a tomar el micro. De Constitución saltaba a esa noche, en el jardín, con nosotros. En el trayecto, no había llegado, no habíamos ido a buscarlo, no le había echado el ojo al coche de mi padre, no se había dado el gusto de manejar, ni siquiera había perdido la memoria y no había recibido por segunda vez la noticia de la muerte de mi abuela. Dicen que el presente está grávido del porvenir, pero ese día el presente de mi abuelo había estado, en cambio, grávido del pasado.

El médico de la clínica García Salinas nos acompañó hasta el coche. Mi padre acomodó su asiento, enderezó el espejo y nos fuimos. Pasamos por la Casa Galver y la estación de Isaura, pasamos por el cruce de las rutas 5 y la 33, por el altar donde había chocado, hacía unos años Buby Forte —el cantante regional que había dejado varias viudas— y tomamos la ruta. Habíamos pasado tantas veces ese día por esos lugares que nos estábamos volviendo profesionales.

Después mi abuelo se sentó en el jardín, mirando el campo. Se oían los sapos de la laguna. Fue entonces cuando dijo que había estado en otro mundo, pero no sabía en cuál. Esos episodios les pasan a pocas personas y nuestro abuelo fue uno de los elegidos. ¿Dónde estuvo mientras estaba con nosotros? Había sobrevivido a eso que ni siquiera puede imaginarse. ¿No era una especie de viajero de la dimensión desconocida? Todavía había luz y brillaba el lucero. Mi padre salió de la casa, fumando. Largaba hilos de humo blanco que se deshacían en el aire. Le dijo que tenían que entrar. Fueron a la casa y al rato los vimos sentados en la sala, mirando por la ventana, las lámparas prendidas.

Una madre protectora*

Guillermo Martínez

I

Recuerdo perfectamente la primera vez que los vi, en el departamento de Renato y Moriana, porque fue también la primera vez que me invitaron a mí a lo más íntimo del círculo áulico. Se celebraba la aparición del segundo o tercer número de la revista literaria que dirigía en esa época la pareja dorada, y éramos todos escritores o, como en mi caso, aspirantes con un par de cuentos, extras todavía sin letra, parte del auditorio juvenil y subyugado que festejaba los sarcasmos feroces de Renato, y los comentarios dejados en el aire, como explosivos de detonación demorada, en apariencia inocentes, pero todavía más devastadores, de Moriana.

Yo había escuchado hablar antes, por supuesto, varias veces de él, de Lorenzo Roy: el pintor amigo de la adolescencia de Renato, el artista generoso que ayudaba a ilustrar la revista y había cedido para una rifa uno de sus originales, el hombre que firmaba sus obras con el bigote en forma de manubrio que se había convertido en su marca, el último mohicano del expresionismo abstracto, como lo había definido una vez Renato. Había escuchado también, cada vez que se lo mencionaba, hablar enfáticamente de su talento, tanto más obvio como que todavía no había sido reconocido más allá de ese grupo. Pero ni aun en aquel tiempo era tan ingenuo como para no darme cuenta de que “talento” en boca de Renato y Moriana era un elogio genérico y casi automático, una distinción que al conferirla se otorgaban también a ellos mismos: si era amigo de ellos, naturalmente tenía que ser talentoso. Por eso, apenas llegué a la casa, al subir las escaleras, me detuve en la antesala frente al gran cuadro sobre la chimenea que Lorenzo les había regalado para su casamiento y del que tantas veces nos habían hablado. Quería ver por mí mismo, a solas, desprendido de los signos de admiración y de todo lo que había escuchado. Traté de mirar en un estado de indiferencia, de tábula rasa, para dejar que aquella vorágine de azules furiosos me hablara en silencio, de que se manifestara desde la tela y me convirtiera en otro fiel. Pero el ruido de copas y risas tan cercanas no ayudaba demasiado, y Moriana llegó enseguida para arrancarme de allí, porque quería presentarme a alguien.

—Extraordinario, ¿no es cierto? —dijo, mirando hacia atrás con algún remordimiento, como si lamentara haberse acostumbrado a tenerlo todo el tiempo frente a sus ojos y pasarlo ahora por alto—. Lorenzo ya debe estar por llegar; le voy a decir que te encontré ahí, petrificado.

—¡Lorenz! Hace cuánto que no lo veo —dijo Emilio al escucharla. Era uno de los históricos del grupo, de la primera época de la revista, todavía algo mayor que Renato. Estaba sirviendo vino y nos apuntó con la botella—. ¿Es verdad lo que escuché? ¿Viene solo o acompañado? —preguntó con un tono intencionado, y giró hacia Renato. Todos los ojos relumbraron de curiosidad.

—Recién llamó por teléfono, me dijo que están demorados. Parece que viene con ella —dijo Renato, mirando a su mujer.

—¿Y quién es *ella*? —preguntó por todos Clarita—. Ahora van a tener que contarnos.

Habían contado, entre bromas, lo poco que sabían, porque todo era muy reciente. Se llamaba Sigrir, y era noruega, o danesa, no estaban seguros. Tenía un título de bióloga marina y había llegado a la Argentina para estudiar las migraciones de las ballenas en el sur, pero apenas pisó Buenos Aires abandonó todo para dedicarse a pintar. Lo había conocido a Lorenzo en una muestra colectiva en San Telmo.

—¿Entonces? —dijo Clarita—. ¿Otra hippona? ¿Cuántos años tiene?

No sabían, pero sospechaban que menos de treinta, porque Lorenzo no había querido decirlo.

—¡Menos de treinta! Y él pasó ya los cincuenta, ¿no es cierto? —dijo la mujer de Emilio, algo escandalizada—. La próxima la va a ir a buscar al colegio secundario.

—Nosotros no podemos tener nada en contra de la diferencia de edad —dijo Renato con un tono ecuánime, y miró a Moriana. Yo había notado que siempre le interesaba señalar cuánto más joven era ella, y me preguntaba si no sería una manera indirecta de dar aliento a las estudiantes en busca de monografías que siempre lo merodeaban. Había dos o tres allí mismo que solo parecían tener ojos para él.

—Como sea, llegó justo a tiempo —dijo Moriana, por primera vez seria y con una entonación oscura de sibila-. Creo que él ya estaba por volver a...

Hizo un gesto a mitad de camino que no alcancé a descifrar y no completó la frase, como si todos a su alrededor ya supieran de qué hablaba. En ese momento sonó el timbre. Moriana bajó a abrir y hubo un silencio expectante de oídos que se aguzaban hacia la puerta de entrada. Eran ellos, y los trajo envueltos en exclamaciones de alegría y bienvenida, y risas que subían ahuecadas por la escalera. Vi primero a Lorenzo, que se abrazaba con sus viejos amigos entre palmadas cariñosas en la cara y gritos de entusiasmo. Me pareció un Taras Bulba estentóreo, amable y feliz. Todo su cuerpo parecía desbordar una energía física que se volcaba hacia los demás en una ola cálida y contagiosa. Sobre los bigotes gruesos y entrecanos, los famosos bigotes que parecían flotarle a los costados de la cara, los ojos se le achinaban al sonreír. Tenía el pelo echado hacia atrás, muy raleado, en vetas blancas y grises, rematado detrás del cuello en una coleta. Estaba vestido con el uniforme reglamentario de los artistas plásticos de esa época: pantalones a rayas, anchos y livianos, sandalias y una casaca blanca vagamente caribeña. Era muy alto y corpulento, y pensé que ella, al fin y al cabo, había escogido en las antípodas de su mundo a un vikingo criollo. Me estrechó la mano con una cordialidad llana, se inclinó con atención para escuchar mi nombre y siguió su camino para saludar detrás de mí a otra gente. Ella, Sigrir, había quedado un poco rezagada, atrapada en el cortejo de bienvenida de las mujeres. No puedo decir que me haya impresionado en ningún sentido, o que pude percibir en ese momento alguna vibración premonitoria o extraña. Parecía exactamente lo que habían dicho que era: una chica seria, más bien estudiosa, recién salida de una larga vida en la universidad, que hablaba un castellano pintoresco e intentaba mimetizarse, al menos en la forma de vestir, con ese mundo colorido y un poco desharrapado al que pertenecía Lorenzo. Tenía la piel muy blanca, unos ojos azules de muñeca demasiado redondos para ser atractivos y un cuerpo bien resguardado, difícil de precisar bajo la camisola, pero que parecía empezar a perder las formas juveniles o, en realidad, ya desde el engrosamiento en la parte alta de los brazos, a sustituirlas por otras más contundentes y definitivas. Cruel relativismo de la edad. Podía verse muy joven para ellos —y sin duda yo la vería así ahora—, pero recuerdo que a mí, que no llegaba en esa época a los veinticinco años, me pareció una chica más bien pasada, que empezaba inexorablemente a engordar. Y la única percepción que tuve, quizá por algo pulido en los modales —porque no había nada ostentoso en la forma en que se vestía y su aspecto de artista marginal era también impecable— fue que ella, a diferencia de Lorenzo, debía provenir de una familia con dinero.

No se quedaron mucho tiempo (desde el principio habían advertido que pasaban solo a brindar porque iban después a otra fiesta), pero Moriana se las ingenió de todos modos para dejarme un instante frente a frente con él. Delante de ella no pude sino redoblar la admiración por el cuadro que nunca había alcanzado a sentir. Lorenzo me escuchó con atención y benevolencia, con dos dedos que hacían girar la punta del bigote como si le diera cuerda a un mecanismo sutil y, en un momento, como si lo hubiera convencido de algo, me tendió una tarjeta de invitación para una muestra individual en una galería que recién se inauguraba. Algo más recuerdo: a la hora de brindar,

Moriana me pidió que sirviera de una de las botellas de champagne desde el otro extremo de la mesa. Cuando llegué en la ronda a la copa de Lorenzo, él la cubrió con una mano. No, por favor, me dijo, yo ya me tomé una vida. Y se sirvió de una de las botellas de gaseosa. Aquello era entonces, pensé, lo que había querido decir Moriana, el secreto que todos conocían menos yo. No pasaron más de cinco minutos y vi que Sigrir, desde otro grupo, le hacía una seña disimulada, pero cada vez más imperiosa, para que se fueran. Esta vez bajó Renato para acompañarlos. Se hizo un silencio de sobreentendidos y miradas cruzadas mientras todos esperábamos a que reapareciera en la escalera.

—Y bien: hagan sus apuestas —dijo Clarita—. ¿Cuánto le dura esta?

II

Fui unos días después a la inauguración de la muestra. Esperaba encontrar a Renato y Moriana con todo el séquito de la revista que se movía detrás de ellos como un trencito de animaciones, pero solo había unas pocas personas desperdigadas con la copa de cortesía en la mano. Parecía el final de una fiesta que nunca hubiera empezado. Le pregunté a Lorenzo qué había ocurrido. A Renato y Moriana les había surgido una invitación de último momento para ir a Montevideo, me dijo. Parecía entristecido y decepcionado. Me contó que había fijado la fecha especialmente para que ellos pudieran estar. Al menos, me dijo, Renato había escrito unas líneas para el catálogo. Me mostró el gran libro de tapas duras. Algunos otros de la revista habían pasado, pero se iban todos a un recital de poesía, ninguno se había quedado. Mientras me decía aquello, noté que Sigrir me miraba de lejos, de una forma casi acusatoria, como si me hiciera culpable a mí por la conducta de todo el grupo de escritores. Parecía ocupada con unos platos en la mesa donde estaban las botellas y las copas, y no se acercó. Tuve la extraña necesidad de disculpar a los demás, de quedarme y mirar con detenimiento cada una de las obras, de preguntarle por detalles y técnicas, de fingir admiración ante cada nuevo cuadro. Me pareció que de a poco, en esa recorrida a mi lado, Lorenzo volvía a animarse. Había querido reunir, me dijo, todos sus cuadros grandes. Y en verdad, aunque más no fuera por el tamaño, el efecto sobre las paredes era imponente. Lo suyo, me explicó, no era exactamente expresionismo abstracto, sino más bien *body action*, a la manera de Pollock. Rara vez usaba el pincel. Me habló de rituales indígenas que había rastreado en diferentes tribus, de la combinación de danza y pintura, y el intento de transmitir ritmos, o pulsiones físicas a la tela (de hecho, había uno en gradaciones intermitentes de rojo que se llamaba *Flujo sanguíneo*). Me llevó delante del cuadro que, evidentemente, consideraba su obra maestra. Se llamaba *Anatomía desaprendida* y era una profusión dislocada de manchas, líneas, pliegues y vetas: la proyección, me dijo, de cada una de las superficies y protuberancias de su propio cuerpo, cubierto parte por parte de pintura, como una enorme plantilla multicolor. Me acerqué a otro, el único que me interesó de verdad: era una forma espiralada, que conservaba un patrón geométrico, aunque sugería a la vez algo equívoco y carnal, como si la serena ley matemática se disolviera en un borde difuso al contacto de otro requerimiento tumultuoso y vital. Le comenté que la espiral me hacía recordar el libro de Darcy Thompson con sus diagramas de espirales en cuernos y pezuñas, que había consultado alguna vez en un curso de análisis matemático, en mi otra vida fugaz de estudiante de ciencias. Fue como si hubiera mencionado un pariente en común, una coincidencia feliz y fulminante que nos hacía instantáneamente parte de la misma familia. Siempre pensé que esta clase de conjunciones fortuitas y algo absurdas, son muchas veces la chispa en que se funda una amistad, y casi pude verla fraguarse ante mí en ese momento: sus ojos se iluminaron de felicidad, como si hubiera allí una casualidad increíble que debía significar algo más. Me dijo que él había estado mirando justamente ese libro para una serie de cuadros sobre la geometría del crecimiento, de los que finalmente sólo había terminado aquel. Nunca hubiera pensado él que alguien más, y sobre todo de mi edad, conociera ya un libro tan viejo. De allí había tomado también prestado lo poco que sabía de biología para hablar por primera vez con Sigrir. En el mismo arrebato de entusiasmo, me llevó delante de ella para contarle de esta coincidencia, pero mientras él le hablaba, y a pesar de que ella sonreía con una cordialidad mínima, pude percibir que no deponía del todo esa actitud un poco distante, como si me considerara todavía sospechoso de algo. Lorenzo me señaló la mesa y me dijo por lo bajo que estaba muy molesta porque había preparado una cantidad de bocaditos típicos daneses que nadie había comido. Era una cocinera extraordinaria, me dijo, solo que demasiado obsesiva: todo aquello le había llevado casi una semana. Quise repetir entonces frente a la hilera bastante impresionante de platos la proeza de interés voluntarioso que había tenido frente a los cuadros y me propuse probarlo todo. Había unos panes de centeno agrios y compactos con paté de hígado, unos bollos de hojaldre fritos en aceite de pescado, unas albóndigas demasiado rojas en el centro, unos trozos de arenque ahumado, coronados cada uno con una yema cruda: "el sol sobre Gudhjem", me sopló Lorenzo bajo la mirada de ella cuando vio que estaba por acobardarme. En el centro había una fuente con lo que parecía el plato principal: trucha fermentada. Probé todo con valor y elogié cada plato hasta donde pude, sobre todo la cerveza artesanal, que también había preparado ella y de la que, creo, tomé demasiado para borrar el gusto de la comida entre bocado y bocado. Pero nada de esto logró que cambiara su actitud. Pensé en aquel momento que había percibido algo de mi sobreactuación, o mi aprensión frente a alguno de los platos, pero mirado a la distancia, creo más bien ahora que ella ya había tomado la decisión dc apartar a Lorenzo de nosotros, que ese desplante involuntario de todo nuestro grupo le había proporcionado la excusa perfecta, y que mi presencia tardía allí, como una excepción indeseable, le quitaba un argumento y arruinaba en parte sus planes.

III

El casamiento —la disección del casamiento— ocupó varias reuniones. Habían invitado solamente a los patriarcas del grupo, pero los demás tuvimos la versión completa y coloreada de Renato y Moriana en los encuentros siguientes de la revista. Se habían burlado, por supuesto, de todo: del traje exhumado de Lorenzo, que no le terminaba de cerrar, del estampado que había elegido ella para su vestido, del modo en que se había arreglado el pelo (¡con una corona de flores!), del lugar demasiado grande y lujoso para los pocos invitados (no había ninguno de parte de ella y solo unos pocos parientes del pueblo de Lorenzo), de la comida, que otra vez había preparado ella por sí sola, sin ninguna ayuda, en algo así como un banquete de Babette. ¿Por qué se habían casado tan pronto?, preguntó en un momento Clarita, ¿acaso ella estaba…? Quiere estar, quiere estar, dijo Renato. Se habían enterado en la fiesta de que Sigrir no tenía menos de treinta, después de todo, sino en realidad casi treinta y cinco, y había hablado durante toda la noche de nombres mixtos para el primer hijo. El reloj biológico empezó a hacer tic-tac y vino a buscar a nuestro toro argentino, dijo Renato. Con Lorenzo el único problema es la familia numerosa, agregó alguien más. Moriana me contó entonces que Lorenzo había tenido cinco hijos en un matrimonio anterior. Después del divorcio, todavía muy pequeños, la ex mujer se los había llevado para siempre a los Estados Unidos y desde entonces Lorenzo solo había podido ahorrar para verlos dos o tres veces. Se habían vuelto para él completos desconocidos, y ya ni siquiera querían hablar en español. A partir de aquella separación Lorenzo se había desmoronado: había dejado de pintar, y ellos lo habían tenido durante un año entero todas las noches a cenar, y llorar, en su casa. Pero por suerte, dijo Moriana, como si quisiera apartar de un gesto todo el pasado, con esta chica podía tener ahora una nueva vida. Al mismo tiempo que me decía esto, se quedó pensativa, como si dudara de algo. ¿Qué me había parecido Sigrir a mí?, me preguntó de pronto. ¿Qué le había parecido a ella?, le respondí. Reímos, con malevolencia. Pero es justo, me dijo, porque creo que nosotros tampoco le gustamos. Se puso seria y movió lentamente la cabeza. Había algo que no estaba del todo bien en esa chica, aunque ella no pudiera darse cuenta todavía de qué era. En el casamiento, volvió a repetir, no había nadie de su familia. Era cierto que vivían muy lejos, pero igual, aquello le había parecido extraño. Y después, toda esa comida. No sé, dijo frunciendo la nariz, no me gustan las mujeres que cocinan tanto. Sí, que revuelven y revuelven el caldero, dije yo, y volvimos a reírnos.

Pasaron algunos meses antes de que volviera a ver a Lorenzo en otra de las reuniones del grupo. Estaba solo, con la mirada un poco extraviada, como si hubiera perdido algo de la familiaridad con sus viejos amigos. Había dado una excusa sobre la ausencia de su mujer, que a todos nos había sonado falsa. ¿Cómo iba la nueva vida de casado?, le preguntó alguien. Todo bien, todo muy bien, respondió con una sonrisa automática. Hubo un silencio incómodo, y creo que Lorenzo se sintió obligado a decir algo más. De verdad, dijo, todo iba fantástico, solo que… Hizo un esfuerzo interior, como si quisiera quitarle importancia a lo que estaba por decir, pero no supiera encontrar las palabras para aligerarlo. ¿Solo que…?, trató de ayudarlo Moriana. Lorenzo dio vuelta hacia arriba las palmas de las manos y por fin lo soltó. Solo que ella estaba un poco ansiosa porque no quedaba embarazada.

Las mujeres se miraron entre sí. Pero era muy pronto, protestó Clarita, si hacía solo unos meses… Es lo que le digo yo, dijo Lorenzo, pero ella ya quiere hacer una consulta y empezar con los estudios. Desde el otro extremo de la mesa, Emilio le hizo un guiño. ¿Qué está pasando, Lorenz, perdiste la práctica? Es que ahora hay posiciones nuevas, dijo Lorenzo, y son muy difíciles. Todos reímos, pero Renato entendió inmediatamente de qué estaba hablando. No me digas que ya se está tomando la temperatura y te pide la posición de la plegaria. Lorenzo asintió, algo avergonzado. La posición de la plegaria, tal cual, dijo, ni siquiera sabía que se llamaba así; y yo rezo y rezo, pero por ahora nada. En ese momento sonó su celular, Lorenzo atendió y lo vimos inclinar la cabeza varias veces en asentimiento. Ya voy, ya voy, repitió. Cortó y se puso de pie. Perdón, dijo, tengo que volver a casa. ¿El deber te reclama? ¿Hay que seguir trabajando?, dijo Emilio. Lorenzo sonrió, incómodo. No hubiera debido contarles, dijo. Vamos Lorenzo, que está en juego el orgullo nacional, dijo alguien. Ánimo, dijo Renato, no nos falles Lorenzo: la estaca pampa bien clavada en la pampa.

No volví a verlo hasta la fiesta por la aparición de la nueva novela de Renato. Fue otra vez en la casa de ellos, pero ya era pleno verano, una noche cálida y serena, y la reunión se hizo en la terraza. Estaba el grupo de siempre, más algunos alumnos del taller literario que daba Renato. Lorenzo llegó otra vez solo, pero me pareció que tenía, aunque contenido, el mismo aire de felicidad que le había visto la primera vez. Traía una botella de champagne en cada mano. Es que tenemos que brindar dos veces, le dijo a Renato, alzando las botellas: una por tu novela y otra por... ¿Por las plegarias atendidas?, dijo Renato. Lorenzo asintió, con un gesto de tranquilo orgullo. Renato lo abrazó e inmediatamente todos lo rodearon para felicitarlo. ¿Cómo estaba ella?, preguntó Clarita. Feliz, feliz, dijo Lorenzo. Le había pedido que no contara nada hasta que se cumpliera el tercer mes, pero él había querido compartirlo con nosotros. Mientras descorchaban las botellas empezó la ronda de preguntas. ¿Se van a quedar donde están? ¿Se van a mudar?, preguntó Emilio. Esa era la otra gran noticia, dijo Lorenzo, estaban ahora buscando una casa. Sigrir había recibido su parte de una herencia que estaba en sucesión y quería que el bebé naciera y se criara en una casa de dos pisos, con altillo y sótano, como la que tuvo ella en la infancia. Habían empezado a mirar, pero era difícil en Buenos Aires encontrar una casa así. La conversación derivó por un buen rato en barrios, metros cuadrados y casas antiguas y refaccionadas. Cuántos cambios Lorenzo, dijo Moriana con un dejo de nostalgia, vas a vivir ahora en una mansión. *Sir Lawrence*, dijo Emilio con una reverencia graciosa. ¿Y con el parto?, preguntó una de las mujeres, ¿tienen ya un obstetra?, ¿saben a qué sanatorio van a ir? Lorenzo movió la cabeza, como si aquella fuera la pregunta verdaderamente difícil, la única partícula de preocupación. Ese es un asunto en el que todavía no nos ponemos de acuerdo, dijo, porque Sigrir quiere que el parto sea en la casa: piensa hacer venir a la partera que atendió a su madre, y que después la crió a ella. Tiene como setenta años. Es lo más cercano a una familia que le queda. Le dije que a mí no me parecía lo mejor, pero me aseguró que en Escandinavia ahora casi todos los partos se hacían así.

Hubo una separación de bandos y una pequeña escaramuza entre los que opinaban a favor y los que opinaban en contra del parto en el hogar, pero cuando estuvieron llenas todas las copas volvió la paz. Lorenzo se sirvió de una de las botellas de gaseosa y Moriana lo abrazó, sin que pudiera evitar que le corriera una lágrima. ¡Por el nuevo bebé!, dijo Renato. Las copas se alzaron a la vez, en contestación. ¡Por el nuevo bebé!, respondimos todos.

IV

En febrero de ese año conocí a Fernanda y mi vida dio un vuelco inesperado. Renato y Moriana también la conocieron, muy poco después, de la manera más incómoda: nos encontraron juntos cuando salíamos de un hotel alojamiento, cerca del estudio de abogados donde ella trabajaba como pasante. Cuando hice las presentaciones, Renato la tasó en esa recorrida descarada que le había visto otras veces con chicas de la facultad, y me dijo, como una orden entusiasta, que debía llevarla a las reuniones de la revista. No le hice caso, por supuesto, no solo por la razón instintiva de mantenerla a distancia de sus trucos de fauno —que a pesar de su obviedad, o quizá por eso, seguían dando asombrosos resultados—, sino porque Fernanda era lo más alejado de una novia que había tenido en mi vida, fuera de esos encuentros puramente sexuales en el horario de su almuerzo. De hecho, aunque había descartado que estuviera casada, siempre sospeché que yo era para ella algo así como su segunda monta, pero estaba demasiado agradecido, y entretenido, como para preocuparme por esto. Nunca me había invitado a su departamento y todos nuestros encuentros transcurrían, o bien en ese hotel, o bien en citas repentinas y horarios exóticos entre las cuatro paredes de una oficinita que me prestaban. Aun así, cuando en marzo de ese año consiguió una beca para estudiar en Harvard un máster en derecho tributario, quiso que fuera con ella. Tampoco esta vez pregunté demasiado (supuse que el otro, por alguna razón, no podía acompañarla) y la seguí a Boston, colgado de su pollera, como me dijo burlonamente Renato en la reunión de despedida. Durante los meses que estuve en Estados Unidos, y a pesar de que colaboré con uno y otro artículo en la revista, y traté de mantener el contacto por e-mail, no recibí —aunque en realidad tampoco pedí— ninguna otra noticia sobre Lorenzo. Solo recuerdo una línea al pasar en la que uno de los editores me comentaba que habían contratado a otro ilustrador porque Lorenzo estaba absorto en un nuevo proyecto: una serie de cuadros basados en las ecografías sucesivas del embarazo.

Lo que fuera mi relación con Fernanda no consiguió resistir en Estados Unidos ni siquiera el primer mes, pero aun así me quedé el resto del año por mi cuenta. Di por un tiempo clases de español y corté céspedes de jardines interminables. Fui de hostel en hostel, me vestí con ropa de segunda mano, y aprendí todas las trampas y tácticas de supervivencia de los latinos sin documentos. Por un orgullo estúpido no quería volver a la Argentina antes que ella. Al regresar, en la primera reunión de la revista, los entretuve a todos un buen rato con las aventuras del viaje. Recién entonces, al verlos reunidos otra vez, recordé que el hijo de Lorenzo ya debía haber nacido. Cuando pregunté, se hizo un silencio cruzado de sonrisas y gestos de burla contenida, como si aquella fuera la gran historia que habían estado esperando para contarme y no estuvieran seguros de quién se lanzaría primero. El bebé había nacido, sí, dijo Renato cautelosamente. ¿Entonces?, pregunté, ¿había ido todo bien? ¿Era un bebé normal? El bebé es muy normal, estalló Moriana, la que no es normal es ella. Como si hubieran oído la campana de largada, todos empezaron a contarme a la vez. El bebé tenía ahora casi tres meses y nunca, nunca, lo habían sacado a la calle: Sigrir decía que el aire de Buenos Aires estaba demasiado contaminado y que cualquier paseo podía enfermarlo. ¡Y dice además que es fotofóbico!, agregó alguien por encima. Es verdad, confirmó Moriana, lo tiene todo el tiempo a oscuras y no deja que Lorenzo le saque fotos. Ellos dos eran los únicos que habían podido verlo. Y una sola vez. Lorenzo había tenido que rogarle a Sigrir para que los dejara entrar en la casa. Les había abierto la puerta esa vieja bruja que habían traído para el parto. El bebé estaba en un cuarto en penumbras, en una cuna antigua, ¡cubierta con velos! Sigrir estaba junto a la cuna como si fuera un mastín vigilante. Les había hecho frotarse las manos con alcohol, no sabían para qué, porque estaba claro que no les permitiría tocarlo. Descorrió el velo, lo alzó y se los mostró por un segundo, a un metro de distancia. Puso la excusa de que el bebé tenía que seguir durmiendo y volvió a dejarlo en la cuna, y a taparlo hasta el cuello. Se quedó ahí, fingiendo que tenía que acunarlo, mientras nosotros salíamos del cuarto. Nos dijo Lorenzo que no se mueve de su lado. ¿Es parecido a él?, pregunté. Lorenzo dice que sí, pero ¿cómo saberlo?, dijo Moriana, hubiéramos necesitado una linterna. Pero hay más, dijo Clarita, cuéntenle de la bañera. Renato asintió. Sigrir lo había vuelto loco a Lorenzo para que consiguiera una bañerita en forma de útero que había visto en Europa. Una bañera con las paredes blandas y que mantiene el agua a una temperatura estable. Todas las tardes ella se encerraba en el baño con el bebé, casi a oscuras, y lo dejaba horas adentro de esa bañera. ¡Y lo de las vacunas!, dijo la mujer de Emilio. Renato asintió. Ella no quiso que le dieran ninguna vacuna, no hicieron todavía ningún control médico. Lorenzo está desesperado con esto, pero cuando discuten ella le recuerda que es bióloga y dice que con su nodriza le basta y sobra. Ya te decía yo, me dijo Moriana triunfal, que había algo que no estaba bien en esa chica.

Esto último, por supuesto, no me impresionó tanto: como Moriana pensaba invariablemente mal de todo el mundo, era una pitonisa infalible. Pero sí me parecía alarmante que Lorenzo no enfrentara a su mujer de alguna manera. Cuando les pregunté sobre esto todos se miraron dubitativos entre sí. Lorenzo cree que es algo transitorio porque ella es madre primeriza, dijo Renato. Nos dijo que su exesposa también había tenido un período de sobreprotección con el primer bebé. Eso creía por lo menos la última vez que lo vimos, dijo Moriana. Pero me parece que ahora ya se avergüenza de contarnos. Hace mucho que no tenemos noticias de él.

V

Pasó casi un mes. Yo había alquilado a mi regreso un departamento minúsculo en Congreso y estaba empezando a buscar un trabajo estable. Casi nadie sabía todavía mi teléfono y por eso me extrañó que empezara a sonar un domingo a la noche, muy tarde. Era Lorenzo. Renato y Moriana le habían dado mi número. Quería pedirme un favor, un gran favor, pero tenía que reunirse conmigo para explicármelo. Él podía acercarse adonde le dijera, pero debía ser lo antes posible. Su voz, a medias quebrada, sonaba casi irreconocible, entre la urgencia y la desesperación. Nos encontramos al día siguiente, en un café sobre la calle Entre Ríos. Había adelgazado mucho y estaba curiosamente empequeñecido, encogido dentro de su propia piel, como un oso desinflado. También algo parecía haberse apagado en sus ojos: se lo veía mucho más viejo, y no dejaba de retorcerse nerviosamente la punta del bigote. Me contó que había quedado en la calle. Unos días atrás había tenido una pelea con su mujer, había salido a caminar, para tranquilizarse, porque en un momento "había visto todo rojo" y, al volver, ella había cambiado la cerradura, había hecho una denuncia a la policía, y ya no le había permitido volver a entrar en la casa. Ahora se acababa de enterar de que Sigrir le había iniciado un juicio de divorcio y por la tenencia exclusiva de su hijo. Me había hablado hasta aquí en un tono bajo, casi avergonzado, pero cuando mencionó a su hijo vi que le temblaron las manos de impotencia e indignación. Ese era el verdadero punto, me dijo, apropiarse enteramente de su hijo, quedárselo para ella: quizá ahora mismo estaba planeando llevárselo para siempre a su país. Alzó las dos manos a la cara, y se apretó los ojos con el canto de las palmas, como si estuviera tratando de conjurar una pesadilla. ¿Me habían contado, me preguntó, de la clase de locura que tenía ella con el bebé? Le dije que algo me había enterado, en la última reunión de la revista, pero que no sabía cuánto era cierto y cuánto exageración de lo que había escuchado. Todo era cierto, me dijo con tristeza, y era aún peor, solo que a él lo avergonzaba contar otros detalles, porque sabía cómo se burlaban después Renato y Moriana: para ellos todo esto no era más que una buena historia. Él había tenido paciencia, me dijo, toda la paciencia y todavía más. Pero el último mes… aquello se había vuelto insostenible. Ella había dejado de dirigirle la palabra, solo hablaba en danés con esa vieja que había metido en la casa, lo único que escuchaba todo el día era ese trabalenguas infernal del que no entendía nada. Entre las dos parecían estar tramando algo. Algo que tenía que ver con el bebé. Sigrir había puesto una cama junto a la cuna y también dormía ahora por la noche allí. No se despegaba un momento de su lado. Y lo obligaba a él también a frotarse con alcohol cada vez que quería alzar al bebé. Pero la discusión, la pelea final, tuvo que ver con otra cosa. Él empezó a darse cuenta de que el bebé no engordaba. Había un problema, era obvio, con la leche de ella, a su exmujer también le había pasado con el último de los bebés. Sigrir tardó en reconocerlo, pero finalmente le dio la razón. Y aun así, no quiso de ninguna manera que compraran la leche maternal de las farmacias. Le dijo que lo resolvería ella misma, que su especialidad había sido justamente la alimentación de mamíferos, y empezó a preparar un menjunje, algo todavía más nutritivo que la leche, le había dicho: la replicación del alimento que recibía el feto dentro del útero. No había querido decirle cómo lo había preparado, había enviado a la vieja con una lista escrita a buscar los ingredientes, y después se habían encerrado juntas en la cocina. Era una pasta viscosa, entre marrón y sanguinolenta, con olor a hígado. Cuando vio que estaba por darle a su hijo la primera cucharada de aquello y que el bebé echaba hacia atrás la cabecita, él se había por fin rebelado. Le arrancó a ella la cuchara y alzó al bebé de la silla para llevárselo. Quería que lo viera un médico. Quería que el médico le recetara la alimentación adecuada. ¿Era pedir demasiado? Habían discutido a los gritos y cuando él se dio vuelta con el bebé hacia la puerta, ella se le había echado encima, se le había colgado como un animal enfurecido y le había arañado el cuello y la espalda.

En ese momento se bajó el cuello de la camisa y me mostró dos líneas crueles y violáceas. Aquello lo había sacado de sí. Dejó al bebé en el suelo, porque temía que ella también lo arañara, y le dio una trompada. Solo una trompada, me lo juraba, y ni siquiera demasiado fuerte. Para sacársela de encima, porque ella seguía arañándolo, ahora en la cara. Pero la había derribado, por desgracia tenía la mano muy pesada. Y le había salido un poco de sangre del labio. Desde el suelo, ella se había sonreído. Se miraba la sangre en el dorso de la mano y se sonreía. Esa sonrisa él nunca se la olvidaría. Ahora sí que no vas a ver más a tu hijo, le había dicho. Ahí fue que él vio todo rojo, se dio cuenta de que si se quedaba la mataría. Pero me juraba que había sido una única trompada. Ella, después, lo había contado en la policía todo distinto. Por desgracia, le habían creído: era rubia, y extranjera..., les dijo que él estaba borracho. Y eso no era verdad, ¡no era verdad! Cerró el puño y pareció que iba a golpear sobre la mesa, pero logró dominarse. Sí es cierto, dijo, que esa noche, cuando me fui de la casa, volví a tomar. Por primera vez en siete años. Estaba desesperado, tenía miedo de hacer una locura, me temblaban las manos. Pero fue un whisky. Uno solo. Pueden decírtelo en el bar. Y fue después, no antes. Se quedó callado, como si se le hubiera roto una cuerda interna. Unió las manos sobre la mesa y me miró de reojo, con una expresión lastimera. En fin, dijo, vos te preguntarás por qué te cuento todo esto. Es que estoy en la calle, sin un centavo. Tengo ahora este juicio y no podría pagar un abogado. Renato y Moriana me dan asilo por estos días, y ellos me dijeron que vos conocías a una abogada. ¿Podría pedirte, como un grandísimo favor, que le hablaras por mí, para que me represente y pueda volver a ver a mi hijo?

Me quedé enmudecido por un segundo. ¿No le habían dicho Renato y Moriana que me había peleado con esa chica, y ya no la veía más? Lorenzo asintió, entristecido: algo le habían dicho, pero él había pensado que aun así, quizá yo podía llamarla y explicarle su caso. Si ella era una buena persona, seguramente se apiadaría... ¿Podría hacer yo, aunque más no fuera, un intento? Era la única posibilidad en la que él podía pensar, la última que le quedaba. Pero Fernanda, le advertí, no se dedicaba al derecho de familia. Lorenzo hizo un gesto de impotencia y volvió a asentir, como si fuera consciente de que tenía todas las probabilidades en su contra. Igual, es una abogada, dijo, y si quisiera podría tomarlo, como excepción. Hay una criatura que está en peligro. Yo creo que cuando le cuentes ella se va a apiadar.

VI

Pasé el resto de la tarde con la mirada fija en la agenda donde guardaba el número de Fernanda. No imaginaba de qué modo podría pedirle algo así, cuando estaba seguro de que ella cortaría apenas escuchara mi voz. Decidí usar finalmente la ganzúa universal de la curiosidad. No pareció sorprenderse tanto de que la llamara y, tampoco, contra lo que había pensado, cortó instantáneamente. Solo fingió un desinterés displicente, y algo de apuro, como si tuviera otra llamada en espera. Quise preguntarle por su máster, y cómo había sido su regreso, pero me interrumpió de inmediato. ¿Para qué la había llamado? Quería verla, le dije, pero no para nada que tuviera que ver con nosotros, me apuré a aclararle. ¿Quiénes seríamos "nosotros"?, dijo con sorna. Pasé aquello por alto. En realidad, le dije, era una consulta profesional. Peor que peor, me dijo, jamás llevaría un caso mío. No, claro que no, le dije, no era nada para mí. Era un caso que le interesaría, estaba en juego algo muy delicado, no podía adelantarle nada por teléfono, pero le pedía media hora de su tiempo, solo media hora, y estaba dispuesto, por supuesto, a pagarle la consulta. Más allá de todo, ella sabía cuánto la admiraba yo en lo profesional, le dije abyectamente, y si a pesar de lo que había ocurrido la estaba llamando, era porque pensaba que solo ella... Basta ya, me interrumpió, ni sueñes que va a ser gratis.

Acordamos para reunirnos al día siguiente, en un café muy cerca del estudio donde trabajaba. ¿Seguía, entonces, en el mismo lugar?, le pregunté. Sí, solo que ahora la habían asociado, me dijo con orgullo: estaba ganando el triple de lo que le pagaban antes. ¿Y qué de mí? me preguntó. Después de todo, pensé, no tenía otra llamada en espera. Había alquilado un departamento, y estaba buscando un trabajo, le dije, pensaba explotar mi experiencia internacional en cortar el césped. Casi pude ver cómo sonreía a pesar de sí del otro lado. Se alegraba de que hubiera encontrado mi verdadera vocación, me dijo, para algo había servido entonces el viaje.

Al día siguiente perfeccionó, casi ostensivamente, esa actitud fría y despectiva. Llegó quince minutos tarde, apenas me rozó la mejilla, se dejó caer sin mirarme en la silla y me dijo, como si diera vuelta un reloj de arena, que tenía media hora exacta antes de que volviera a la oficina. No quiso pedir nada para comer y quedamos los dos frente a frente con un café raso. Hacía casi nueve meses que no la veía y, aunque podía decir que nada había cambiado en ella, sí había en realidad un trabajo sutil del tiempo que lo hacía todo diferente. Si antes —por la cercanía, por la intimidad, por la sobreexposición— yo había dejado casi de verla, como se deja de ver lo que es demasiado próximo, ahora el tiempo, ese gran separador, la había puesto de nuevo a distancia, la había "reunido", para que pudiera contemplarla entera, en la nitidez dolorosa de lo que ya está fuera del alcance. Una vez más (como la primera vez) cedían todas mis defensas, y su cuerpo, cercano y lejano, me avasallaba. Una vez más sentía el poder, el magnetismo irresistible, de ese cuerpo sobre mí. Y aunque ella se había cuidado de abrocharse bien, la sola presión tirante sobre los botones de su blusa, la línea del corpiño calado que podía ver a través, y un roce accidental de su rodilla bajo la mesa, bastaron para que tuviera (como la primera vez) el principio de una erección. Agradecí los beneficios de la civilización, que incluso en ese febrero lento y sudoroso nos hacía tener alguna ropa encima, de modo que aún con aquel proceso penoso por lo bajo conseguí fingir el mismo modo imperturbable que ella para contarle, lo más ordenadamente que pude, todo lo que yo sabía.

Algo sí había cambiado después de todo; apenas empecé a hablar ella sacó un par de lentes de un estuche, y se los puso, de una manera algo incongruente, como si detrás de esos vidrios pudiera escucharme mejor. Durante todo mi relato seguí los movimientos mínimos de sus ojos serios y bellos, agrandados por el aumento, y cada tanto sus pequeños gestos de irritación, como si desaprobara íntimamente todo aquel asunto. Aun así, me dejó llegar hasta el final sin interrumpirme. Cuando terminé, se echó hacia atrás en la silla, se quitó los lentes y quedó por un instante pensativa. No le causaba gracia, me dijo, defender a un tipo que derribaba mujeres a trompadas. Había sido una sola trompada, le dije, y en un momento de desesperación. ¿Cómo podía estar seguro? ¿Solo porque él me lo había dicho? ¿No sabía acaso que los alcohólicos eran mentirosos crónicos? Una copita, una trompadita. Ella miraría antes que nada el expediente policial. Y también tendría que revisar las causales del divorcio anterior, no defendería de ningún modo a un tipo golpeador. Me parecía justo, le dije, pero ¿y si las cosas fueran como él dice? Volvió a echarse hacia atrás y pensó un instante. Si todo fuera como él dice, aun así, sería muy difícil ganar. Y sabés muy bien que detesto los casos perdidos, me dijo. Cruzó por sus ojos un destello irónico, pero decidí pasar también aquello por alto. Pero, ¿por qué?, protesté, ¿no había acaso forma legal de proteger a una criatura de una madre loca? Es que, precisamente, me dijo, la única línea posible para proteger a la criatura era arrancarle la tenencia a la madre. Esto era lo difícil. Yo tenía que mirar las cosas desde el punto de vista de un juez. ¿Y qué es lo que vería cualquier juez de familia? Por un lado, una mujer nórdica, educada, con un título profesional, solvente. Una madre primeriza, con una desconfianza lógica por los hospitales argentinos, que quiso tener a su bebé en el hogar, tal como es la tendencia en su país. Una madre quizá un poco sobreprotectora, sí, pero que no representa, en principio, peligro inminente para el bebé. ¿Y qué tenemos del otro lado? Un artista bohemio de más de cincuenta años, insolvente, con un historial de alcoholismo, y una denuncia comprobada de agresión física. Un padre que no logró nunca reunir el dinero para visitar y mantener el vínculo con sus otros hijos, y que no tiene ni siquiera un lugar para vivir con la criatura.

Pero ¿y todo lo otro?, protesté. ¿Que no lo quiera sacar a la calle? ¿Que lo tenga encerrado en penumbras? ¿Que no haya querido vacunarlo? ¿Que le esté dando ese alimento inmundo? Negó lentamente con la cabeza. No veo nada sólido que pueda sostenerse en la demanda. Quizá el bebé sea de verdad sensible a la luz. Esto iría a una pericia. Ella va a decir que por supuesto quiere sacarlo a la calle, pero que prefiere acostumbrarlo de a poco a la claridad. Que mientras esté dentro de la casa, con medidas asépticas, no son necesarias las vacunas. Y que ese alimento que preparó es, desde el punto de vista científico, lo mejor que puede recibir el bebé en este momento. O puede también, simplemente, negarlo todo. Y le tocaría a él probar cada cosa. Vi que miraba la hora en el reloj. ¿Entonces?, le dije. No sé, no me gusta perder casos, y este no es ni siquiera mi especialidad. Resopló con fastidio. Pero hagamos esto: dale a tu amigo mi teléfono, para que arreglemos una entrevista en el estudio. Mientras tanto voy a revisar el expediente. Si me convenzo de que todo es tal como él dice, voy a derivarle el caso a una pasante nueva que tenemos, a ver qué puede hacerse. Yo lo seguiría de cerca. Y de esta manera, le costaría la mitad.

Se puso de pie mientras le agradecía. La seguí, un paso por detrás, hasta la calle, mirándola de espaldas. Desde la puerta del café se veía la entrada discreta del hotel alojamiento, semioculta por un macizo de plantas. Ella siguió involuntariamente la dirección de mi mirada. Ni lo pienses, me dijo, y caminó rápido, como si quisiera alejarse lo antes posible de mí.

VII

Unos días después encontré al llegar a casa un mensaje de Lorenzo en el contestador: me agradecía "infinitamente" que lo hubiera puesto en contacto con Fernanda y me anunciaba que ella había aceptado hacerse cargo del caso. No me animé en ese momento a devolverle la llamada: todavía no había hecho pie en ningún trabajo, me estaba gastando los últimos ahorros del viaje y temía que me pidiera prestado dinero para los honorarios. Pasó casi un mes entero sin que tuviera otras novedades; por una discusión estúpida me había alejado de la revista y tampoco podía contar ahora con los informes de Renato y Moriana. Pensé en ese tiempo algunas veces en llamar a Fernanda, aunque por otros motivos, pero me contenía en cada impulso esa última frase desdeñosa de ella a la salida del café. Hasta que otro domingo, a mitad de marzo, demasiado temprano a la mañana, el teléfono volvió a llamar. Era Lorenzo. Antes que nada me pedía disculpas por la hora, había querido asegurarse esta vez de encontrarme. Me repitió lo agradecido que estaba por mi ayuda, e insistió en pasar a la tarde por mi casa: tenía un regalo para mí, una sorpresa, creía que me iba a gustar. Había también algo así como una buena noticia en medio de ese infierno cruzado de abogados y demandas, pero eso prefería contármelo personalmente. ¿Tendría un momento para recibirlo a la tarde?

Lo vi llegar desde la ventana, transpirado, jadeante. Cargaba como podía, con algo de escarabajo heroico, el rectángulo inmenso, envuelto en papel madera, de uno de sus grandes cuadros. Pensé que si todavía estaba viviendo en casa de Renato y Moriana, habría caminado casi veinte cuadras con aquello encima, a medias cruzado sobre la espalda. Bajé para ayudarlo y lo subimos entre los dos con cuidado por la escalera. Lo acomodamos contra la única pared libre de mi departamento y Lorenzo le arrancó el papel con un gesto un poco teatral, como si quisiera darme un golpe de efecto con su generosidad. Era la pintura de la espiral en disolución que yo había admirado. Hice las protestas habituales, volví a rendirme ante el cuadro con todo el fervor que pude, dije que aquello era excesivo, pero Lorenzo solo negaba sonriente con la cabeza. Volvió a decirme que nunca olvidaría lo que había hecho por él y me contó que había tenido que rematar todos los cuadros de su última exposición para pagar los honorarios del estudio de Fernanda. Salvo este, me dijo, que había querido salvar para mí. Los había llevado a la plaza de San Telmo, como si fuera otra vez un principiante, y casi los había regalado, por lo que le dieran. Era el trabajo de dos años enteros, pero había valido la pena. Fernanda, me dijo, era extraordinaria. Seguramente yo lo sabía, se notaba que tenía una inteligencia superior. No pude dejar de sentir una punzada de celos con su entusiasmo, aunque Lorenzo hablaba de ella con la admiración inocente y deslumbrada de un tío en la graduación de su sobrina. Le había explicado todo, clarísimo. El caso era difícil, pero no imposible, y si alguien podía ganarlo, sin ninguna duda sería ella. Ya había conseguido algo en la primera audiencia de conciliación, esa era la buena noticia que quería contarme: Sigrir lo dejaría entrar a la casa para que viera al bebé. Una única vez, a la espera de la fecha para la segunda audiencia. Pero en fin, él estaba tan desesperado por ver a su hijo que había aceptado de inmediato.

¿No había podido entonces verlo nunca durante todo aquel tiempo?, le pregunté. Lorenzo movió la cabeza y bajó los ojos para que no viera cómo se le humedecían. Solo el cochecito, de lejos, dos o tres veces. Había seguido espiando la casa, aunque me pedía que esto, por favor, no se lo contara a Fernanda. La vieja había empezado a pasear al bebé, algunas veces por la mañana. Él la había seguido también una vez a la farmacia, y pudo ver que compraba varios cartones de leche maternal. Fernanda ya le había anticipado que esa iba a ser parte de la estrategia de ella: mostrar al bebé sano y gordito, probar que llevaba ahora una vida normal. Sigrir había buscado a su abogado a través de la embajada; era un estudio muy poderoso, pero ya se vería en la cancha, porque Fernanda le había parecido muy brava, hubiera debido verla en la audiencia, no se había achicado en ningún momento. Y cuándo sería la visita, le pregunté. Mañana, me dijo, y quería pedirme por eso un último, grandísimo favor. Se estrujó las manos, incómodo como un chico, y alzó por fin los ojos. Quería pedirme que lo acompañara. Tenía miedo, me dijo. Miedo por lo que le hubieran hecho durante todo este tiempo esas mujeres a su hijo, miedo de entrar a esa casa de brujas otra vez. Pero sobre todo, tenía miedo de sí mismo, de cómo podría reaccionar si ella lo provocaba. Lo que le había ocurrido la última vez... aquel momento terrible... Había visto algo de sí mismo que no quería de ningún modo que aflorara de nuevo. Y también Fernanda le había advertido: si tenía otro estallido, fuera por lo que fuese, todo estaría perdido. Asentí a medias. ¿Pero no le parecía mejor ir con Renato o Moriana?, no pude dejar de preguntarle. Negó tristemente. Se había tenido que ir de la casa de ellos, me dijo, estaba viviendo ahora en una pensión. Ya no podía pedirles nada más, ni siquiera le atendían ahora el teléfono. Se había quedado solo, nunca había estado tan solo en su vida. Yo era la única persona que podía ayudarlo. ¿Haría ese último gran favor por él?

VIII

Nos encontramos a la tarde siguiente en un café de Colegiales. Apenas traspuse la puerta vi que Lorenzo pedía la cuenta. Perdón, me dijo, es que tenemos que caminar un par de cuadras y quiero llegar puntual: tengo miedo de que use cualquier excusa para no abrirme. Mientras guardaba los billetes del vuelto vi que le temblaban un poco las manos y cuando se puso de pie tenía una cara ensimismada y grave como nunca le había visto. Caminamos en un silencio absoluto, él con grandes pasos y yo tratando de mantenerme a la par. La casa estaba sobre Avenida de los Incas; era una de esas casonas antiguas de fin de semana, de dos pisos, augustas y a medias abandonadas, que todavía sobreviven en esa parte de la ciudad, a veces asfixiadas entre edificios. Tenía un jardincito adelante, bastante descuidado, y la reja estaba entreabierta. Avanzamos por un camino de lajas y Lorenzo me señaló los yuyos crecidos. Cuando recién nos mudamos, me dijo, ella estaba entusiasmada con el jardín y con sembrar especias y plantitas para cocinar, pero desde que nació el bebé no volvió a salir de la casa. Se detuvo delante de la puerta, como si hubiera visto algo extraño. A la altura del zócalo se veía la línea de un caño que habrían embutido recientemente y que la franja de pintura, demasiado blanca, no alcanzaba a ocultar del todo. Lorenzo se inclinó para examinarlo y siguió la línea irregular, que bordeaba toda la pared del frente y se continuaba con un codo hacia uno de los costados de la casa. Es un caño que pasaron al sótano, me dijo, pero no puedo darme cuenta si es de gas o de agua. Murmuró algo que no alcancé a escuchar, dio una mirada a su reloj y tocó el timbre. Escuchamos unos pasos que se arrastraban fatigosos hacia la puerta y nos abrió una vieja pequeña, consumida, más que encorvada, casi doblada en dos por la edad, y que aun así, parecía conservar algo feroz e intimidante en la mirada. Dejó que Lorenzo diera el primer paso dentro de la casa, pero abrió la palma para detenerme y me clavó sus ojos fulgurantes y saltones cuando quise pasar yo también. ¡Sigrir!, gritó, con una voz chillona, sin dejar de mirarme, y a continuación gritó algo más en danés con un tono tajante. Vimos la cabeza de Sigrir que se asomaba a la escalera. Se había cortado el pelo y me pareció a golpe de vista que había engordado más, pero no alcancé a comprobarlo porque apenas me vio se echó hacia atrás, con una mueca de desagrado, y le gritó a Lorenzo que solo él podía pasar, y que yo debería esperar afuera.

Me miré con él por un instante y le dije que lo esperaría en el café donde nos habíamos citado. Caminé de regreso las dos cuadras, con un sentimiento encontrado de alivio y temor. Temor, extrañamente, por Lorenzo: nunca me había parecido tan indefenso como frente a esas dos mujeres.

Me senté en una mesa junto a la ventana y pedí un expreso. No habían pasado más de diez minutos cuando lo vi abrir la puerta y entrar casi a los tumbos, con la cara desencajada, cubierto de sudor y con los nudillos de la mano derecha raspados y sangrantes. Parecía enceguecido, como si todavía estuviera viendo otra escena que no conseguía dejar detrás. Se derrumbó en la silla y recién entonces logró enfocarse en mi cara. Me miró espantado. "No es mi hijo", articuló con un resto roto de voz. Jadeaba y temblaba violentamente. Apoyó la cabeza contra la mesa y se echó a llorar, con espasmos bruscos. Lorenzo, Lorenzo, lo llamé desde este mundo, y lo sacudí un poco del hombro. Perdón, dijo. Se secó como pudo con una servilleta de papel y creo que recién entonces reparó en los nudillos lastimados. Se cubrió la mano con dos o tres servilletas que absorbían de a poco la sangre. ¿Cómo que no es tu hijo?, pregunté. Me miró, y sus ojos se endurecieron, como si en un reflujo empezara a volver lentamente la furia anterior. Ese bebé que me mostraron: no es mi hijo, volvió a decirme con una determinación sombría, en la que no había lugar para ninguna duda. Aun así, llevado por la inercia de la incredulidad, no pude dejar de hacer las preguntas obvias. ¿Estaba absolutamente seguro? ¿No cambiaban mucho acaso los bebés durante los primeros meses? ¿Hacía cuánto no lo veía? Pero él solo negaba con la cabeza, cada vez con más vehemencia. Por Dios, me interrumpió de pronto, el día que tengas un hijo lo vas a entender, no hay modo de confundirse: es una parte tuya. Lo reconocés por el olor, por la mirada, por los gestitos. Además, mi hijo es idéntico a mí, este bebé, no sé de dónde lo sacaron, ni siquiera buscaron uno parecido. ¿Pero te das cuenta del plan?, me dijo y bajó un poco la voz. Esa criatura que consiguieron no sé cómo, es la que van a mostrar al mundo. Es el bebé que pasea la vieja en el cochecito. Le van a dar las vacunas, lo van a llevar al médico, lo van a hacer crecer de una manera normal: la leche que compran, estoy seguro, es para él. Mientras que a mi hijo, ahora mismo, lo tienen encerrado en alguna parte. En realidad, él ya sabía dónde: tenía que ser en el sótano. Había alcanzado a recorrer la casa, había ido cuarto por cuarto y había subido hasta el altillo. La puerta estaba cerrada con llave, pero la había abierto de una patada: no era ahí. Se había fijado entonces en la puerta del sótano: ella la había cambiado por una tapa de dos semicírculos de hierro que sellaba la boca de la escalera. En la unión había un candado y él le había pedido la llave, pero ella se había encerrado en el baño para llamar a la policía. Él se había tirado entonces boca abajo para intentar distinguir algo por la rendija. No había logrado ver nada, pero se escuchaba un ruido parecido a un gorgoteo, como el respirador de una pecera, y subía una ola de calor de ahí abajo. La tapa también estaba caliente. Estaba así, tirado en el suelo, cuando sintió un roce áspero y frío en el cuello. Se dio vuelta: era el cañón de un rifle, de su propio rifle, que había dejado en la casa. La vieja le estaba apuntando, había amartillado y lo subió un poco hasta casi tocarle la frente. La miró y se dio cuenta de que lo mataría como a un perro. Se puso de pie poco a poco, mientras la vieja le seguía apuntando a la cara, y le mostraba la puerta, sin decir una palabra. Tenía que agradecerle en el fondo, porque si no fuera por eso, hubiera roto también a patadas la puerta del baño y la hubiera estrangulado a Sigrir hasta que le dijera dónde estaba su hijo. ¿Y esas lastimaduras en los nudillos?, le pregunté. No se acordaba, me dijo, y se los miró con curiosidad bajo las servilletas. Quizá le había dado un puñetazo a la puerta del baño cuando se dio cuenta de que ella se había encerrado ahí para no darle la llave.

¿Qué haría ahora?, le pregunté. No sabía, me dijo, todo era una pesadilla. Cuando volviera a la pensión y lograra calmarse un poco, hablaría con Fernanda, para hacer una denuncia policial. Que la policía entrara en la casa y abriera el sótano. Que averiguaran de dónde habían sacado a esa otra criatura. Claro, le dije, si las cosas eran como él decía, bastaría con hacerle a este bebé una prueba de ADN. Sí, me dijo él, como si viera una pequeña esperanza y se aferrara a ella con sus últimas fuerzas, él también lo había pensado: una prueba de ADN. Solo que mientras tanto su hijo... Su voz se quebró. Es que no podría vivir un día más pensando que su hijo estaba a merced de esas dos mujeres, encerrado bajo llave ahí abajo. ¿Cómo haría para dormirse? Además, ¿sabía yo cómo eran los tiempos de la justicia? ¿La lentitud desesperante de cada trámite? Él temía no ser capaz de esperar tanto.

IX

Dos días después sonó el teléfono apenas entré en mi departamento, cerca de la hora de la cena. Era Fernanda, que me llamaba desde su estudio. Había tratado de comunicarse conmigo toda la tarde, me dijo. Quería saber qué era esto del bebé sustituido. Lorenzo había estado allí el día anterior y también esta tarde, totalmente fuera de sí. ¿Tenía yo un minuto? Porque él le había dicho que habíamos ido juntos a la visita y quería preguntarme un par de cosas. Adelante, dije.

Antes que nada, creo que se encontraron en un bar, según me contó él, ¿te pareció que podía tener algunas copas encima? Creo que no, le dije, me hubiera dado cuenta por el aliento. Muy bien, e hizo una pausa, como si consultara unos apuntes. Me dijo después que llegaron juntos hasta la puerta y que vos pudiste ver junto con él un caño reciente que bajaba al sótano. Había un caño, le confirmé, pero no pude ver adónde iba: él rodeó la casa y me dijo eso. Me pareció escuchar el rasguido de un lápiz en el papel, como si estuviera anotando. Sigamos, me dijo, ¿qué pasó después?

Le conté todo: cómo había dejado a Lorenzo a solas con las dos mujeres y cómo él había reaparecido en el bar, unos minutos después, terriblemente trastornado. Traté de reconstruir con toda la exactitud que pude lo que me había dicho, con sus propias palabras. El bebé falso. La búsqueda alrededor de la casa. La patada en el altillo. La llamada de Sigrir a la policía, encerrada en el baño. Las nuevas puertas de hierro del sótano. El calor que salía de allí abajo. El cañón del rifle en la nuca. Mencioné en algún momento los nudillos rotos y sangrantes. Aquello, evidentemente, no lo sabía, y me hizo un par de preguntas más. Serías un buen testigo... para la otra parte, me dijo. Hubo un silencio, como si ella hubiera quedado suspendida en una duda, o no consiguiera decidirse a la próxima pregunta. Aquello era impropio de Fernanda, y por eso, más intrigante. ¿Algo más?, pregunté. Sí, una última, aunque esto no tiene ninguna importancia legal: ¿qué pensaste cuando te dijo que el bebé no era el suyo? ¿Le creíste? Pensé por un segundo cuál había sido mi primera reacción. Le había creído, sí, de inmediato. ¿Acaso ella no le creía, le pregunté, pensaba que podía mentir sobre algo así? Por ahora solo creo, me dijo dubitativa, "que él lo cree". ¿Qué quería decir con eso?, le pregunté. Había recibido esta mañana una cédula con la copia de un escrito de la otra parte: además de la denuncia penal por amenazas de muerte y destrozos, pedían una pericia psiquiátrica para Lorenzo por síndrome de Capgras. ¿Síndrome de Capgras? ¿Qué era aquello? Ella también había tenido que buscarlo. Una clase particular de locura: la persona deja de reconocer a un ser querido, lo empieza a ver como a un extraño, y a veces cree, justamente, que lo sustituyeron. Ya veo, le dije, y me quedé por un segundo pensando. ¿Lorenzo ya lo sabe? Se enteró hoy, tuvimos una gran discusión por esto. Y creo que ahora sí había tomado. O quizá, de verdad está enloqueciendo... no sé, hay algo que realmente no está bien en ese hombre. No había modo de hacerlo entrar en razón. Quiere avanzar a ciegas con el juicio de ADN. Yo le expliqué que es otro juicio paralelo, con un trámite complicado, y que cualquier juez lo desestimaría si no había un fundamento sólido. Ya se lo había dicho ayer, antes de conocer este último escrito. Y ahora voy derecho a un papelón tras otro: se supone que éramos nosotros los que debíamos probar que ella está loca. Éramos nosotros los que pediríamos una pericia psiquiátrica. Ella está loca, no lo dudes, le dije. Pero otra vez, hay que mirarlo con los ojos de un juez, me interrumpió. ¿Y qué vería un juez ahora? Que la madre le abrió la puerta a su esposo en horario y sin poner trabas, para que pudiera reencontrarse con su hijo. Y que el padre, apenas vio al bebé, empezó a gritar que no era suyo, la corrió a ella para estrangularla, rompió a patadas la puerta del altillo y dejó la marca de un puñetazo en la puerta del baño, donde ella alcanzó a refugiarse para que no la matara. Vería también que el padre ya tiene una denuncia policial comprobada por violencia, le dije cien veces que pasara lo que pasara, tenía que controlarse. ¿Entonces?, le pregunté, ¿te rendís? Creí que aquello tocaría un resorte íntimo de su orgullo, pero dejó pasar un segundo y me contestó con un tono impasible, como si hubiera tomado una súbita decisión que la liberaba limpiamente. Me parece que sí, me rindo, dijo, aunque creo más bien que él se derrotó solo. Quería corroborar con vos lo que ya sospechaba. La parte que no me contó a mí. Ya te dije que no defendería a un tipo violento. Y si está loco... lo siento por él, pero no hay nada que pueda hacerse. Le dije hoy que solo continuaría si aceptaba someterse a un examen psiquiátrico. Yo tengo que estar segura, después de todo, de a quién estoy defendiendo. Dijo que lo pensaría, pero no creo que vuelva. Solo espero que no intente alguna estupidez. ¿Te dijo algo, acaso?, le pregunté. No cuando se fue. Pero mientras le explicaba la duración de cada trámite, me dijo que tendría que pensar otra cosa, porque su hijo no podía quedarse todo ese tiempo ahí abajo.

X

¿Por qué no lo llamé inmediatamente después? ¿Por qué no hice ese mínimo movimiento humano? ¿Por qué preferí, yo también, sentirme limpiamente liberado? Lo sé, por supuesto: temía que me aferrara el brazo, que se apegara a mí con la desesperación suplicante del que ya no tiene nada, que me arrastrara en esa espiral de desgracia en la que se había convertido su vida. El final de la historia lo leí, como todos, en los diarios, con la extrañeza inicial con que se identifica a un nombre conocido en las noticias, y la incredulidad de los hechos, abruptos, definitivos. Dos días después de mi conversación con Fernanda, Lorenzo trató de entrar al sótano de la casa por una pequeña ventana lateral al ras del suelo. Saltó la verja muy tarde a la noche y con un cortafierros logró abrir un hueco entre los barrotes. La ventana tenía un vidrio fijo y cuando Lorenzo lo rompió para entrar las dos mujeres se despertaron. Mientras Sigrir llamaba a la policía, la vieja bajó al sótano con el rifle. Según declaró, el sótano estaba a oscuras y no alcanzó a reconocerlo, solo vio a un hombre que parecía tener un arma en la mano, a punto de saltar sobre ella desde la ventana. Le había disparado instintivamente. Lorenzo cayó hacia atrás, del lado de afuera. Se arrastró unos metros por el jardín y quedó muerto sobre el camino de lajas.

Fui al velorio muy tarde por la noche: no quería encontrarme con Renato y Moriana, ni con nadie del grupo de la revista. Entre todos lo habíamos abandonado, y eso, y nada más, era lo que veríamos al mirarnos. Cuando entré al salón no había nadie, solo el féretro a un costado, y un guarda que pasaba por el pasillo cada tanto. Me forcé a acercarme. Tenía la cara un poco grisácea, como si ya fuera de otra materia, y bajo la aleta del ventilador de techo vibraban todavía un poco las puntas de su bigote. Volví caminando todo el trayecto hasta mi casa. Cuando abrí la puerta de mi departamento, me di cuenta de que nunca había colgado el cuadro. Lo miré otra vez y decidí que no quería tenerlo ahí, siempre a mis espaldas, como un recordatorio lúgubre, un susurro de su voz desde la tela. En el placard, el inquilino anterior había dejado dos pósteres con sus bastidores: uno de Raquel Welch con su bikini de pieles en *Hace un millón de años* y otro con el poema "If" de Rudyard Kipling. Lo deslicé entre los dos como pude para que quedara allí hasta que me mudara.

Durante los días siguientes seguí los rastros cada vez más débiles de la noticia. Esperaba que en algún momento estallara la revelación, que la policía ingresara en el sótano, que la muerte de Lorenzo lograra abrir esa puerta. Muchas veces pensé si no habría sido ese el verdadero propósito de su incursión casi suicida: si no llegaba a rescatar a su hijo, dar al menos una señal que no pudiera ser desoída, marcar el lugar con su cadáver. Pero los días pasaron, lentos y burocráticos: la vieja estuvo detenida apenas veinticuatro horas y enseguida la excarcelaron. Las dos mujeres se recluyeron en la casa y nadie pudo entrevistarlas. Los diarios no parecían ni siquiera conocer la sospecha terrible de Lorenzo: solo hablaron del juicio por la tenencia y de sus antecedentes de alcoholismo y de violencia. Pero, bien mirado: ¿cómo podían saberlo? Lorenzo ya estaba absolutamente solo en los últimos días y era muy posible que no hubiera hablado con nadie más de esto. Quizá éramos solo Fernanda y yo los que sabíamos. Intenté llamarla para preguntarle si había algo que pudiéramos hacer, le dejé dos veces mensajes en su contestador, pero nunca me respondió. Leí en esos días todo lo que pude sobre el síndrome de Capgras, y aunque había aquí y allá algunas coincidencias menores con la conducta final de Lorenzo, no pude convencerme. Había sobre todo un rasgo discordante: los afectados por el síndrome, de acuerdo con sus relatos, ven réplicas perfectas del ser querido, con la misma apariencia física, como si se enfrentaran a una copia exacta. Pero Lorenzo me había dicho que ese bebé no se parecía en nada a su hijo. Hice un último intento: averigüé cuál era el juzgado dónde se tramitaba la causa por su muerte, fui una mañana hasta allí y pedí hacer una declaración espontánea. El secretario a cargo anotó mis datos y tomó mi testimonio, con un tecleo imperturbable. Solo me preguntó si yo tenía alguna prueba que podía aportar sobre lo que estaba diciendo, o bien solo sabía sobre esto por los dichos del occiso. Reconocí que no tenía ninguna clase de prueba más allá de lo que me había contado Lorenzo. El secretario revisó el expediente y me señaló una línea en un escrito. Aquí, me dijo, figura la explicación: parece que el hombre sufría de una clase de locura, y por eso no reconocía a su hijo. Eso es lo que dice ella, observé. Es verdad, me dijo, pero por lo que hizo él después, parece darle la razón, ¿no es cierto? Y me indicó un lugar al pie para firmar mi declaración. Pero entonces, pregunté, ¿nadie haría nada? Todo esto lo evaluaría el juez, me dijo, yo debía quedarme tranquilo, él en mi lugar no se preocuparía más: le tocaba tomar declaración de todo tipo de denuncias y los locos, debía creerle, a veces podían ser muy convincentes.

EPÍLOGO

Muchas veces en estos años volví a pensar en Lorenzo, sobre todo cuando nació mi primera hija. Muchas veces, mientras la miraba dentro de la cuna, me pareció oír sus palabras, como si me mostrara, desde ultratumba, su única, irrebatible evidencia: "Es una parte tuya". Y también, cuando nos mudamos después a Colegiales, lo recordaba cada vez que evitaba tomar con el auto por Avenida de Los Incas. Pero solo fue esta mañana que me decidí a escribir la historia. Tuvo que ver con un acto escolar: me tocó a mí llevar a mi hija a la celebración del jardín de infantes por el día de la Independencia. Hacía un frío cruel y todos los chicos que se agolpaban a la entrada, y también mi hija, llegaban casi ocultos bajo gorritos y bufandas, como muñequitos tiesos en sus camperas. Habían juntado a los chicos del jardín con los de la escuela primaria y se iban formando muy lentamente las filas por grados y salitas junto al escenario. Escuché de pronto el susurro indignado de dos madres paradas junto a mí: "Mirá cómo lo mandan.

Por Dios, pobre criatura, con un día así". Seguí la mirada de ellas, y vi a un chico de unos diez años, muy flaco, con el pelo revuelto y despeinado y la mirada fija en el suelo, que solo llevaba encima un pulóver liviano y unos pantalones con remiendos. Los pantalones le quedaban ya demasiado cortos y vi debajo que no tenía medias. Se había ubicado en su fila, inmóvil en su lugar, y no hablaba con nadie, y nadie le hablaba a él. "Fijate: está todavía tiritando. Quién es la madre, dónde está la madre", decía una de las mujeres. "La madre nunca viene: siempre lo trae y lo lleva esa vieja". Me di vuelta y la vi contra una de las paredes, tal como la recordaba, encorvada, horrorosa, milagrosamente intacta, como una reliquia fósil. Parecía que no hubiera logrado envejecer más en todos esos años. Me acerqué entonces todo lo que pude a la fila donde estaba el chico y lo estudié mientras entonaba en voz baja el himno, sin alzar nunca la cabeza. Miré su pelo, sus facciones, su piel. La forma de los ojos. Los pómulos, las orejas. No parecía haber nada de Lorenzo en él y tampoco, por lo que recordaba, ningún rasgo de Sigrir. Volví a oír la voz aterrada de Lorenzo: "Esa criatura que consiguieron no sé cómo, es la que van a mostrar al mundo". El acto terminó más rápido de lo que hubiera imaginado, pero me quedé en la puerta hasta verlo salir y caminar hacia la avenida, al paso lento de la vieja. Subí temblando con mi hija al auto y mientras encendía la calefacción, con el primer soplo de calor que empañaba los vidrios y revivía mis dedos, pensé en esa otra ola de calor que subía desde un sótano con una puerta de hierro, y en ese otro ser, muy bien protegido, que vivía ahí abajo.

Fin de semana

Sergio S. Olguín

I

Veintiocho segundos. Ese era el tiempo que tardaba el ascensor en hacer los veintidós pisos desde la oficina en la que trabajaba hasta el segundo subsuelo. Para cumplir con esa marca el ascensor no debía detenerse en ningún piso intermedio. Veintiocho segundos desde que se cerraban las puertas hasta que comenzaban a abrirse en el garage del edificio. El ascensor comenzaba a frenar seis segundos antes de llegar. Desaceleraba en la planta baja y llegaba plácidamente, como si no hubiera caído setenta metros en unos veinte segundos. Emilio había hecho todos los cálculos. Veintiocho segundos tardaba cada viernes en caer. Cada piso que dejaba atrás lo iba transformando en un tipo diferente del que conocían sus compañeros, el jefe, las secretarias, la recepcionista, que al fin y al cabo era la última en verlo antes de la transformación. Era como Batman bajando por los batitubos hacia la baticueva. Aunque él no se convertía en ningún héroe, la ropa seguía siendo la misma, no había escondite secreto. No estaba por salvar al mundo. Veintiocho, veintisiete, veintiséis. Cuando la cuenta llegara a cero ese viernes, como todos los viernes, se estaría hundiendo en el fondo de él mismo.

En esos veintiocho segundos también pasaba de las luces de la empresa, de los ventanales que daban al Río de la Plata, de la vista abierta de la costa uruguaya, a la húmeda oscuridad de paredes grises del subsuelo. Como si ese edificio supuestamente inteligente lo acompañara en su estado de ánimo. Buscó su Toyota en la cochera habitual, entre la Suzuki GSX-1300R Hayabusa de Felipe y el BMW del jefe. Los dos seguirían todavía un rato más en sus despachos. Felipe hacía tiempo para comenzar la noche en el after de Gibson. El jefe leería por enésima vez los reportes que Felipe y él le habían entregado al cierre de las bolsas y después de la reunión con los hermanos Alvariza. Le gustaba ser el último en irse de la oficina y alimentar el mito de ser el que más trabajaba. Se llevaría carpetas al country y lo llamaría a Felipe durante el fin de semana. A Emilio también, pero él no lo atendería. No atendía nunca un sábado o domingo. El jefe pensaba que era un gesto de rebeldía de Emilio. Una excentricidad que compensaba con creces de lunes a viernes y que, por lo tanto, el jefe decidía dejar sin sanción.

Cuando su Toyota alcanzó la salida de la calle Tucumán ya se había hecho de noche. En invierno siempre tenía la sensación de meterse en la oscuridad, como si ese cielo negro no encapotara todo Buenos Aires, sino el lugar que él pasaba con su auto. Se metía en la oscuridad como el jefe en el country o Felipe en último bar de moda. El pie derecho se movía entre el acelerador y el freno con independencia de lo que él pensara. Era como respirar. Llegar a su departamento era eso: una función fisiológica que las distintas partes del cuerpo llevaban a cabo sin que él lo decidiera.

De garage a garage no tenía más de veinte minutos con el tráfico del viernes por la tarde. Pero la simetría del viaje (oficina, ascensor, garage, calle, garage, ascensor, el palier privado de su departamento) no se repetía en su ánimo. Sin siquiera encender las luces del living fue hacia su cuarto, se quitó la ropa, buscó unas bermudas con las que también jugaba tenis los martes y se tiró sobre la cama. Así, mirando el techo, en las primeras penumbras de la tarde, esperó que se terminara de hacer de noche. El cielorraso de su cuarto iba desdibujándose hasta que sus ojos ya no lo veían.

En esa hora que pasaba tirado en la cama no se dormía. Al contrario, mantenía sus sentidos tan alertas como si estuviera a punto de ser víctima del ataque de un desconocido. Cuando la habitación quedó sin una luz natural se levantó y fue hacia la cocina. Abrió la heladera: estaba repleta de gaseosas, cervezas, jugos, sándwiches envasados, quesos, frascos de aceitunas, frutas. Una heladera repleta era lo que el Emilio-Días de Semana le dejaba al Emilio-Fin de Semana. Emilio miró todo con cierto desprecio. Tomó una botella de agua sin gas y cerró la heladera de manera tan leve que quedó abierta y tuvo que empujarla un poco más para que cerrara correctamente.

II

No siempre había sido así. Había sido peor. Diez años atrás su padre había caído enfermo. Le habían detectado un tumor en los pulmones y había comenzado con distintos tratamientos. Rayos, quimioterapia, terapias alternativas. Su madre lo había hecho recorrer todo consultorio que ofreciera la más mínima posibilidad de curación. No le importaba si eran médicos o gurúes, sabios o chantas. En todos puso su esperanza y tal vez por eso su padre no murió sino dos años más tarde, cuando se agotaron todas las medicinas, tradicionales y exóticas.

Fue en esos días cuando Emilio comenzó a caer. Al principio todos (su madre, su hermano Joaquín, su novia Angie) pensaron que era consecuencia de la enfermedad paterna, que no podía soportar ver la agonía de su padre postrado en una cama. Emilio pasaba días sin salir de su cuarto, o era capaz de no ir por semanas a la facultad. Pero cuando nadie lo esperaba volvía a ser el de siempre. O no, mejor dicho, volvía a ser una versión recargada del de siempre. Recuperaba las clases perdidas, acompañaba a su padre a los tratamientos, apoyaba a su madre, alentaba a Joaquín y hacía sentir a Angie el centro del universo.

Emilio se había convertido en imprevisible. Podía pasar meses de actividad frenética para caer sin previo aviso en un mundo pesadillesco. Se encerraba en su cuarto, pero sobre todo se encerraba en sí mismo. No dejaba una grieta por dónde alguien pudiera prestarle ayuda. Y si era maravilloso estar cerca de él cuando el mundo le sonreía, las caídas descolocaban a todos, a pesar de que con el tiempo se dieron cuenta de que eso siempre ocurría e iba a ocurrir. Y Angie lo dejó, y perdió un par de trabajos, tuvo que recursar algunas materias, y su padre se murió después de una larga e innecesaria agonía que coincidió con una de las caídas de Emilio. Apenas estuvo en el velorio y acompañó al séquito de deudos casi arrastrado por su hermano que hasta se animó a pegarle un cachetazo. Quería despertarlo, sacarlo de ese mundo de zombis que Joaquín pensaba que Emilio disfrutaba. Lo cacheteó, lo insultó y lo obligó a ir hasta el cementerio.

Lo que no sabía Joaquín es que Emilio no quería estar allá abajo, que hacía esfuerzos increíbles por dominarlos. Emilio descubrió que si se abocaba intensamente a una actividad, sin importar cual, había menos posibilidades de que cayera. Estudiaba cada materia de la carrera con tanta pasión que parecía haber abandonado los momentos de caída. Estudiaba y eran meses de gloria. No solo sacaba buenas notas, sino que tenía suerte con sus compañeras. No se había puesto de novio como con Angie, pero nunca le faltaba una chica en su departamento de soltero. Ni tampoco le faltaba trabajo. Era él quien decidía dejar a su amante, o cambiar de trabajo a un ritmo demencial. Pero cuando daba el último parcial de la materia, se hundía. Su espíritu se dejaba tragar por una arena movediza. Y no salía de ahí por un buen tiempo.

III

El sábado se despertó cerca de las once. La luz del sol se colaba por la ventana cerrada. Lo había despertado un sueño que había tenido un rato antes: estaba en la casa de Villa Gesell que los padres alquilaban cuando él tenía nueve o diez años. Estaba sentado entre los pinares y sentía (no era que veía, sino que tenía la sensación) cómo un perro corría hacia él a sus espaldas. Intentaba darse vuelta o levantarse, pero no podía. El animal apoyaba sus patas sobre él, que se despertó en ese instante. No había llegado a ser una pesadilla, sino una especie de susto.

Fue hasta el baño y se quedó sentado en el inodoro un cuarto de hora. Recién se levantó cuando sintió que las piernas se le acalambraban. Se lavó la cara, pero no se afeitó ni se lavó los dientes. Tampoco se detuvo a mirarse en el espejo. Sabía que no le gustaba lo que había del otro lado.

Las ventanas del living quedaban generalmente levantadas. Le molestaba la claridad, así que fue hacia la cocina. Se sirvió un vaso de jugo de naranja y comió unas galletas Oreo que encontró en la alacena. La heladera no andaba del todo bien, hacía un ruido como las heladeras antiguas. Parecía un motor forzado que descansaba un par de minutos y volvía a arrancar como si le costara el esfuerzo. Emilio se quedó escuchando el ruido de la heladera, el silencio y el nuevo arranque. Silencio, ruido, silencio, ruido de motor viejo.

Veinticuatro horas antes, Emilio negociaba la compra de acciones de Electrospyres, una empresa sudafricana dedicada a productos electroquirúrgicos, en la bolsa de Nueva York a nombre de un cliente local. El jefe había tenido una semana difícil con inversiones poco adecuadas, rechazos de empresas locales y algún otro mal paso del que no dudó en responsabilizar a Felipe y a él por su mal desempeño, aunque en la mayoría de los casos se debía a decisiones suyas poco felices, en las que Felipe y Emilio no habían tenido que ver. Pero el acuerdo con Electrospyres había hecho girar la rueda de la fortuna y el jefe había abierto su botella de whisky japonés para convidarlos, un síntoma de que estaba muy feliz con el dinero que iba a entrar en las semanas siguientes en concepto de comisiones.

Emilio venía trabajando en el tema desde hacía tiempo y si no se había caído el acuerdo había sido básicamente por su esfuerzo, ya que no parecía el mejor momento para tomar acciones de una empresa sudafricana que, si bien estaba creciendo, tenía un techo bastante previsible. Pero Emilio había conseguido triangular la operación con un inversor mexicano interesado en el cliente argentino.

Durante varios días caminó sobre la cuerda floja de negociaciones que podían caerse por cualquiera de los lados; además, cada lado tenía demasiados participantes, voces, asesores y hasta tomadores de decisiones que complicaban demencialmente el trabajo de Emilio. Pero él surfeaba maravillosamente bien sobre la locura bursátil y los temores empresariales. Su jefe lo sabía y se lo reconocía con el whisky de viernes por la tarde, y con las comisiones, que si bien no eran generosas en porcentaje, sí lo eran en cantidad concreta de dinero debido al volumen de los negocios. Y se lo reconocía cuando los lunes no le reprochaba la falta de respuesta a sus llamados y a los mails del fin de semana.

Pasó lo que quedaba de la mañana mirando la televisión. Como no le interesaba ningún programa en especial hizo zapping hasta detenerse en uno de esos programas de ventas de productos que ofrecían cuchillas eléctricas o cinturones masajeadores. Lo miró completo y cuando se reiniciaba siguió con el zapping. Alrededor de las 14 fue hasta la cocina y sacó una pizza del freezer. La puso en el microondas y esperó que se hiciera mientras miraba la puerta del aparato como si fuera la pantalla de la televisión. Se abrió una cerveza. Después otra. La pizza había quedado con la masa blanda. Comió un pedazo y dejó el resto sobre la mesada de la cocina. Abrió una tercera lata de cerveza y se la llevó a la habitación.

"Soy un workaholic", repetía cada vez que alguien descubría que los fines de semana, comunes o largos, él no llevaba a cabo ninguna actividad social digna de tal nombre. La explicación iba perfecta con lo que pensaban de él y evitaba seguir con el tema. Nadie se detenía a pensar que si así fuera le bastaría con llevarse trabajo a la casa los fines de semana. Le bastaría ser como el jefe o como Felipe, muy a pesar suyo, que trabajaban los siete días de la semana. Ni que hablar los domingos cuando la bolsa de Japón del lunes abría a la tarde del fin de semana, cuando los japoneses depresivos ya se habían suicidado, pero los locales todavía meditaban con hacerlo o no.

En apenas dos meses tendría vacaciones. Quince días que los amantes de la teoría del "workaholismo" pensarían que la obligación de no trabajar lo llevaría a sentarse en el rincón más oscuro de su departamento. El año anterior se había ido con Felipe (que había planificado el viaje varios meses antes) a Bangkok y a unas playas de Tailandia. En el viaje París-Bangkok, Emilio había convencido a dos turistas francesas para que se unieran en su raid por los lugares más exóticos del sudeste asiático. Emilio estaba interesado en todo: en las comidas, las artesanías, las playas, las putas, los problemas políticos tailandeses. Su ritmo dejaba agotado al turista más activo. Las francesas se cansaron al tercer día y hasta Felipe lo seguía a regañadientes, especialmente cuando Emilio quería convencerlo de asociarse para formar una fundación para el intercambio comercial y cultural de Tailandia con la Argentina. Hasta llegó a reunirse con un ministro tailandés una mañana entre el desayuno en una pagoda y el almuerzo en una playa a cien kilómetros de Bangkok.

Cuando regresaron a Buenos Aires, Emilio no volvió inmediatamente al trabajo. Tuvo que pedirse una semana más. El jefe primero se enojó, pero después no le quedó otra que aceptar que su mejor bróker necesitaba recuperarse de la joda. Felipe habló ambiguamente de drogas, mujeres al por mayor y la más increíble combinación de bebidas alcohólicas que un hombre podía llegar a tomar. Exageró, pero la explicación le vino perfecto a Emilio, que pasó esa semana en el rincón más oscuro de su departamento.

IV

Después de la tercera cerveza, Emilio se quedó dormido mientras hacía nuevamente zapping. Cuando se despertó comenzaba a oscurecer. Las sombras ya volvían menos luminoso al living y fue hasta ahí. Encendió la PlayStation 3 conectada al LED del living y, mientras se cargaba, fue hasta el bar y se sirvió un whisky generoso. Las imágenes de un auto escapando de un control policial y de otros enemigos ocupó la pantalla del televisor. El Grand Theft Auto IV ya estaba listo para una nueva misión. Se arrellanó en el sofá, buscó la partida empezada y comenzó a jugar. La PlayStation era el punto que el Emilio de los fines de semana compartía con el Emilio de los demás días. Estuviera excitado por un negocio que debía cerrar al día siguiente, preocupado por un cliente demasiado difícil o perdido en las sombras de un sábado a la noche, Emilio siempre podía pasar horas con el joystick inalámbrico destruyendo enemigos para cumplir con los objetivos de dinero ganado que el GTA exigía. Las misiones avanzaban sin interrupciones.

Sobre la mesa ratona vibraba en silencio su celular. Debía ser María Pía, la gerente de marketing de Procter & Gamble que había conocido unas semanas atrás en un after del microcentro. Se habían ido juntos al departamento de ella cerca de Puente Pacífico y habían tenido una maravillosa noche de sexo y coincidencias (la música de Moby, las películas en las que actuaba Daniel Craig, las playas del nordeste brasileño, la comida india). Ese primer encuentro no fue una falsa ilusión fruto de demasiados tragos disfrutados en *happy hour*, sino que se vio fogoneado por las siguientes citas en las que recorrieron bares y restaurantes para terminar en el departamento de alguno de los dos. A María Pía le había llamado la atención que no tuviera fotos suyas ni de ningún ser querido en su hogar (en el de ella se podía recorrer su vida en los retratos que aparecían aquí y allá en los tres ambientes). Emilio le quitó importancia porque para él realmente las fotos no le decían nada. Nunca le decían nada.

Al llegar el primer fin de semana de su relación, María Pía no pudo arreglar un encuentro con Emilio. Los siguientes días volvieron a pasarla muy bien juntos, pero tampoco se vieron a partir del viernes. María Pía comenzó a sospechar que Emilio tenía otra novia, o tal vez una esposa e hijos, y que ese piso en Puerto Madero, decorado con tan pocos toques personales, era un bulo para sus relaciones informales con otras mujeres.

El celular sonaba. María Pía debía estar furiosa, o preocupada, o triste. Tarde o temprano iba a sentirse desilusionada y lo iba a dejar. Emilio lo sabía. Miró el celular que vibraba y se iluminaba sobre la mesita, pero no atinó a tomar la llamada. Siguió matando enemigos con su joystick.

Unas horas más tarde, Emilio sintió acalambrados los brazos y la espalda. Puso pausa en el juego y fue hasta la cocina. Sobre la mesada quedaba la pizza. La probó y era como masticar un plástico. Sacó de la heladera un sándwich de miga envasado y una cerveza. Se llevo todo al living y siguió jugando un rato más, pero ya no tenía ganas. Fue hasta la computadora y se puso a ver pornografía en algunos sitios pagos de los que tenía una membrecía. Vio porno de chicas con chicas, producciones profesionales con estrellas del género. Le gustaba creer que podía haber un mundo de placer sin la presencia de hombres, que dejara afuera de cualquier fantasía incluso a él. Solo chicas hermosas y calientes. Se masturbó y luego siguió recorriendo las páginas porno porque no se le ocurría nada mejor para hacer. Finalmente, se sirvió otro whisky y se quedó dormido en el sillón de tres cuerpos.

V

El calor del sol le pegó en la cara. Abrió los ojos y por un momento no vio nada. Una ceguera blanca por la excesiva luz que entraba de los ventanales. Le dolía la espalda y la cabeza, tenía contracturadas las piernas y sentía el estómago revuelto. Se levantó pesadamente y fue hasta el baño. Se quedó sentado en el inodoro mucho tiempo, hasta que las piernas contracturadas comenzaron a acalambrarse.

Cuando volvió al living se acercó a los ventanales. Abrió uno y el viento le dio un suave empujón, como si quisiera impedirle salir al balcón. Miró hacia la Costanera Sur y vio a la gente que ya iba a pasar el domingo entre parrillas al paso, un río seco y algunos árboles donde tomar sombra. Se acordó cuando adolescente su padre los llevaba a él y a su hermano Joaquín a pescar al Río de la Plata en una lancha vieja. A veces llegaban hasta Colonia o iban a la altura de Quilmes según donde el padre descubriera que había pique. Si su padre estuviera vivo, si lo llamara para ir a pescar, si él pudiera verlo como cuando era adolescente: sabio, eterno, cercano. Hoy ya nada le quedaba, salvo un recuerdo que se iba vaciando de imágenes, que había perdido los olores y los ruidos, y que su mente reducía a unas frases. En treinta segundos podía decir todo lo que le quedaba de sus domingos más felices junto a su padre y a su hermano.

Buscó en el botiquín del baño unas píldoras Oxa B12 y se tomó dos. Fue hasta la cocina y se preparó un Nespresso que tomó amargo y de pie. No podía sacarse la sombra de su padre que había aparecido en el balcón. Tenía la garganta seca. Se tomó una latita de Coca Cola y fue peor. Ahora se sentía inflado, pesado y con la boca pegajosa. No tenía fuerzas para prender la Play, ni para buscar más porno lésbico en internet, ni para hacer zapping en la tele de la habitación. Se sirvió un whisky y se sentó en el piso, apoyado contra una pared, y se puso a esperar. Los minutos caían con la fuerza de un látigo en la espalda. Con el whisky a medio terminar volvió a dormirse o perdió el conocimiento.

Sintió una mano en su cara. No era exactamente una caricia, aunque tampoco era un cachetazo para hacerlo volver en sí. Era más bien un gesto intermedio, una mano que le recorría el pómulo izquierdo con firmeza y cariño a la vez. Emilio abrió los ojos. Ya no había en el living la luz blanca de la mañana. Frente a él, agachado, mirándolo como un médico o un árbitro de boxeo, estaba Joaquín.

—Dale, boludo, despertate. A vos solo se te ocurre dormir en el piso con el somier que tenés en la pieza.

Cuando vio que su hermano reaccionaba, Joaquín se despreocupó de él y fue hacia la cocina. Emilio sintió ruido de agua y una hornalla que se encendía. Desde la cocina Joaquín gritó:

—Menos mal que traje yerba. Mucho cafecito de las Filipinas, pero ni una puta Rosamonte.

Desde que Emilio había comprado ese piso, le había dado un juego de llaves a su hermano. Y desde entonces Joaquín las había usado cada domingo a la tarde. Se aparecía sudoroso porque venía de jugar fútbol con sus amigos. Venía con un bolso y siempre traía algo más.

—¿Sabías que acá nomás tenés una panadería que hace las medialunas igual que las de Atalaya? No se puede creer.

Emilio se había puesto de pie, pero se había quedado parado en el mismo lugar, como congelado. No le gustaba que su hermano se metiera en su casa y dispusiera de todo como si fuera el dueño. No le gustaba ese papel de buen samaritano que repetía cada domingo. Debía quitarle las llaves que le había dado.

Joaquín acomodó el paquete de medialunas sobre la mesa ratona y después fue a la cocina a buscar todo lo que necesitaba para cebar mate. Le hizo un gesto a Emilio para que se acomodara en un sillón. Encendió la televisión y puso un partido de fútbol. Jugaban Estudiantes y Newells. No era un partido que a Joaquín le interesara especialmente, pero lo miraba con detenimiento y le hacía comentarios a Emilio a la vez que le pasaba el mate. Emilio lo dejaba hacer, le contestaba con monosílabos y comió una medialuna para no tener que soportar que le insistiera con la comida.

Cuando llegó la noche Joaquín buscó entre los imanes de la heladera el teléfono de algún delivery que le gustara. Se decidió por una parrilla que quedaba ahí nomás, en Puerto Madero. Pidió unas costillitas de cerdo con batatas fritas y dos flanes. Solo se permitió abrir una botella de vino cuando ya había llegado la cena y se disponían a comer. Pero solo le dejó tomar una copa. Si Emilio tenía sed, había agua.

Vieron juntos en la televisión del cuarto una de las películas de Bourne ya empezada. La habían visto mil veces, pero eso no le quitaba interés a las huidas de Bourne por los techos de Berlín o por las calles de Grecia. Cuando terminó la película era ya cerca de medianoche. Joaquín lo obligó a meterse en la cama. Emilio le dijo:

—Quiero que me devuelvas las llaves.

—Ni en pedo.

—Te lo digo en serio.

—Me gusta tu depto y me gusta usarlo de bulo cuando te vas de viaje o venir y tomarme tus Ruttini, así que olvidate que te devuelva nada.

Joaquín lo arropó como si fuera un hijo pequeño o un padre enfermo. Después le dio un beso en la mejilla y le dijo:

—Mañana hablamos.

Pero era mentira, porque Joaquín no lo llamaba el lunes. Ni los días siguientes. Nunca hablaban por teléfono. Aparecía los domingos por la tarde y se iba siempre cerca de medianoche. Se retiraba justo cuando él comenzaba a dormirse. El sueño lo arrastraba, aunque se resistiera. Mejor entregarse a la inconsciencia de la noche. Cuando se despertase al día siguiente, Emilio desplegaría las alas y volaría por encima de esa ciudad como hace un águila sobre los cielos que domina.

El único órgano que puede estudiarse a sí mismo

Carlos Chernov

"Feliz aquel que puede conocer la causa de las cosas".
Geórgicas, Virgilio

1877

Dentro de unos minutos te arrojarás al mar, Victor Khrisanfovich. Siempre supe que eras un cobarde. Te conozco demasiado bien, a mí no puedes engañarme. No es cierto que la locura te haya hecho perder lucidez, en verdad nunca tuviste tantas luces, solo aprendiste a aparentar. Eres un fraude, Victor Khrisanfovich, un fraude *cum laude*. Tú y yo lo sabemos, a mí no me puedes ocultar nada.

Te has puesto tu grueso capote de médico para que el peso de la ropa mojada te arrastre como una piedra hasta el fondo. Ahora cruzas una pierna por sobre la borda, la montas a horcajadas y te dejas caer. Tienes suerte de no partirte la crisma contra el blindaje del flanco de la nave. Te estrellas en el mar con la gracia de un costal de papas. Un marinero oye el ruido del impacto, se asoma por la borda y comienza a gritar "hombre al agua".

Dices que quieres enfriar tu cerebro, Victor Khrisanfovich, sientes que se quema. Ahora verás cómo se te enfría. El agua helada entra por tu nariz y tu boca. La sal te irrita las mucosas de la bóveda del paladar, el ardor te provoca deseos de estornudar. ¿Puedes estornudar bajo el agua? El mar se mete dentro de tu cabeza a través de los oídos. Ingresa a presión, a chorros, como a través de los muros agrietados de una represa, y comprime la masa sanguinolenta de tu cerebro contra las rígidas paredes del cráneo. La materia nerviosa queda aplastada, las cisuras y circunvoluciones se deforman. El cerebro no puede respirar. Deberías experimentar los dolores de la asfixia de los tejidos, pero como tú y yo sabemos el cerebro no tiene sensibilidad dolorosa, sólo sufrirás el dolor de presenciar su destrucción. Tortura bajo anestesia, Victor Khrisanfovich. ¿Querías enfriar tu cerebro? Lo has logrado. En el pecado está la penitencia.

Algo golpea la superficie del agua, han lanzado un bote para rescatarte. Cuánto trabajo les das, Victor Khrisanfovich, eres un pelmazo. Los marineros te llaman a los gritos: "doctorcito", "doctorcito". Te piden que estires una mano para que puedan alcanzarte. Pero tú no haces nada de eso, al contrario, intentas escapar de ellos sumergiéndote. Hasta ese momento pensaban que habías caído al agua por accidente. Cuando se percatan de que se trata de un intento de suicidio su actitud cambia por completo. Ahora están enfadados contigo. Se acercan a ti maniobrando el bote con modos rudos y enérgicos de los cuales, adivino, participan la indignación y la rabia. Están muy enojados, Victor Khrisanfovich; sirves en la Marina Imperial Rusa y estamos en guerra. Estos hombres, verdaderos soldados, han debido detener la marcha de la fragata y, en lugar de emplear todas sus fuerzas en luchar contra los turcos, deben dedicarse a rescatar al afeminado doctorcito que quiere quitarse la vida. A pesar de que perteneces a una clase social más alta y de que eres médico, te han perdido el respeto. Es lógico: todo el mundo desprecia a los suicidas.

Los marineros clavan el gancho de un bichero en el cuello de tu abrigo y te jalan hacia el bote salvavidas. Te resistes. Pataleas como un niño desobediente, siempre fuiste muy malcriado, Victor Khrisanfovich. Otro gancho se prende de tu cinturón y ya no puedes escapar. Entre cuatro marineros te sacan del agua. Te izan resoplando por el esfuerzo y te arrojan sobre la cubierta del bote. El más robusto de ellos te toma por los tobillos y cruza tus piernas una sobre otra hasta que el dolor te obliga a darte vuelta boca abajo. El mismo hombre se sienta sobre tu espalda y te aprieta el tórax para que sueltes el agua que te has tragado. Te quedas boqueando sobre los tablones del piso del bote como un estúpido pescado vestido de paño azul.

1878

Ahora recibirás toda el agua que querías, Victor Khrisanfovich. La hidroterapia es el tratamiento preferido en estas instituciones. Pero, atención, comprenderás que estas no son las termas de Baden-Baden: te desnudarán, te atarán a una silla y descargarán sobre tu cabeza mares de agua helada. La descortesía de esta práctica debería compensarse con palabras amables y de consuelo, pero los enfermeros suelen burlarse de los temblorosos infelices a quienes se la aplican. La conmoción que te provocará la hidroterapia borrará tus ideas malsanas; las alucinaciones y los delirios abandonarán de tu mente. Resulta incomprensible, pero el remedio es eficaz. También se valen de eméticos, purgas, encadenamientos, palizas, sangrías y encierros en celdas solitarias donde los alienados duermen en el piso sobre un montón de paja. Sufrirás, Victor Khrisanfovich, te lo aseguro; en estos hospitales son partidarios de aquella máxima que dice: "Si no duele, no cura". Te recomiendo que no les des problemas, que te comportes como un loco tranquilo. De todos modos, intentarán curarte. Los peores son los que creen que sus tratamientos son realmente provechosos.

Me alivia poder dormir todo el día. Estaba realmente extenuado. Atravesé una caótica etapa de ideas filosóficas y científicas que corrían por mi mente en tropel, pero en direcciones equivocadas, la mayoría de ellas falsas o simplemente estúpidas. Los delirios de grandeza habían anulado mi sentido crítico. Y cuando los delirios menguaron, se presentaron las alucinaciones. Como sea, la aceleración de mi mente era insoportable, a causa de esta calentura intelectual mi cerebro colapsó. El psiquiatra militar me diagnosticó *consumption nervosa* y me derivó al Hospital Mental Preobrazhenski. Por lo menos aquí puedo descansar de mi cabeza, en las últimas semanas hubiera querido cortármela.

Supongo que duermo tanto porque me administran hidrato de cloral o bromuros. No han querido decírmelo a pesar de que se los he preguntado una y otra vez. Aquí no les importa que yo sea un colega, ni siquiera me llaman doctor, como si por estar loco hubiera dejado de ser médico. Soy tan médico como ellos, eso es para toda la vida; aun enfermo no he dejado de ser quien soy. Esta indignante falta de respeto agudiza mi sentimiento de vergüenza. Quise librarme de mi deshonra en el mar y me lo impidieron. Trato de aplacarme, de contener mi cólera, no quiero terminar con una camisa de fuerza o atado a la cama. Si me consideraran un loco furioso mi vergüenza sería aun mayor.

Mi familia se ha caracterizado por dos inclinaciones: el arte y la locura. Varios de mis parientes han sido pintores o músicos, en tanto que dos de mis primos debieron permanecer internados en hospitales psiquiátricos durante largos períodos. Incluso mi padre ha sufrido un sospechoso episodio de hipocondría.

Atravesaba una época en que los malos negocios lo condujeron al borde de la bancarrota. Acaso por estar muy nervioso se dedicó a reventarse las espinillas, hasta que le brotó un bulboso grano rojizo en la nariz que no daba señales de curarse. Mi padre decía que el grano arruinaba su perfil. Me desconcertó: nunca se me había ocurrido que le interesaba tanto su apariencia. Lo mortificaba hasta tal punto que decidió emprender junto con mi madre un viaje desde Yekaterinburg, en Siberia, hasta Moscú, para consultar a un dermatólogo y de paso visitarme. Mi madre estaba muy asustada por el estado mental de su marido. Yo compartía su preocupación. Me alarmaba que hubieran viajado más de mil seiscientas verstas por un grano.

Consultamos a mi profesor de dermatología, titular de la cátedra en la Facultad de Medicina de la Universidad Estatal de Moscú. Después de examinar el grano con una lupa, le palmeó la espalda con un ademán alentador y le dijo que no revestía ninguna trascendencia clínica. Le recetó una crema. Recuerdo que el dermatólogo agregó que el cutis seboso era muy común en las razas oriundas de países invernales. "Casi un problema nacional", sonrió. Le sorprendió que mi padre no se tranquilizara en lo absoluto. Le dijo que quería que se lo extirpara. Ante la negativa del médico insistió en que debía de existir algún procedimiento quirúrgico, alguna solución más drástica. Entonces, manifiestamente enojado con este paciente que cuestionaba su autoridad, el médico dio por finalizada la consulta.

Mi padre siguió visitando dermatólogos a escondidas, hasta que se topó con uno lo bastante venal como para aplicarle un tratamiento de electrolisis. Regresó al hotel muy contento. Con aire triunfal le contó a mi madre las astutas argucias que había empleado para persuadir al médico. Pero a la semana siguiente, cuando le quitaron el vendaje, se derrumbó. Decía que le habían dejado un gran agujero en la nariz, que la cicatriz era una fosa, que le habían arruinado el perfil para siempre. No logré convencerlo de que con el curso de los días la cicatriz se desinflamaría y perdería su desagradable color vinoso. En verdad no me parecía que el defecto en su chata y pequeña nariz, típicamente rusa, fuera tan visible. Cuando se lo comenté se enojó, dijo que le mentía para que no me fastidiara. Estaba desesperado. Si no se emborrachaba a la noche, no podía dormir. Llevaba consigo un espejito de mano y se examinaba a cada rato, cabeceando apesadumbrado como ante una desgracia fatal. También se estudiaba los poros para ver si se dilataban por la acumulación de sebo y para detectar nuevas espinillas. En una oportunidad mi madre lo pescó empolvándose la nariz en el baño. En general, se negaba a salir de la habitación; en las raras ocasiones en que caminábamos por la calle, se detenía para observarse en el reflejo de las vidrieras o sacaba el espejito del bolsillo y se examinaba sin ningún pudor.

Al fin, mi madre se hartó. Le dijo que volvía a Yekaterinburg y que esperaba que él la acompañara; no podían desatender los negocios tanto tiempo. Al regresar a su casa mi padre se fue restableciendo y pronto dejó de lamentarse por la cicatriz en su nariz. Curiosamente, su mejoría coincidió con un notable repunte en los negocios. Cuando al año siguiente viajé a mi ciudad natal, le mencioné el episodio. Al principio intentó desestimar su importancia, pero ante mi insistencia, con una mirada de perplejidad, me confesó que no sabía qué le había sucedido.

Le echas la culpa de la insania a tu familia, Victor Khrisanfovich. ¿Y tus antecedentes personales? Fuiste un hijo único demasiado consentido, un nene de mamá. Me acuerdo que llorabas y te negabas a ir al colegio si no tenías derecha la raya del cabello, tu madre tardaba media hora en peinarte.

Le atribuyes tu locura a una lesión cerebral, pero tú y yo sabemos que es un castigo por masturbarte en exceso. Eres un onanista incurable, Victor Khrisanfovich. ¿Acaso no conocías los peligros del vicio de la mano? ¿No sabías que debilita la inteligencia y la virilidad? Y todavía continúas con la autocomplacencia. Has jugado demasiado con la flauta de cuero; se dice que incluso has soplado las de tus compañeros del *Gymnasium* en Moscú. Que en las frías noches de invierno se peleaban por dormir contigo. Sé todo sobre ti, Victor Khrisanfovich, a mí no puedes engañarme.

Es una voz de hombre, atiplada, apremiante y chillona, que no logro identificar. Observo rasgos infantiles en sus amenazas e insultos, como las referencias a la masturbación y la siniestra descripción del hospital psiquiátrico que evoca los asilos para lunáticos del siglo pasado. Parece provenir de una parte inmadura de mi mente que alberga el tipo de preocupaciones que me atormentaban en la adolescencia, precisamente en la época del *Gymnasium*. Sus palabras son malévolas y despreciativas, pero también ridículas; si no sonaran tan espantosamente reales, me moverían a risa.

Es cierto que en el *Gymnasium* mis compañeros se burlaban de mí. Un chico de provincias con algo de dinero de familia, pero sin títulos nobiliarios; bastante tímido y demasiado estudioso. Mis buenas calificaciones despertaban envidia; ganarme algunos enemigos fue el costo de ser el mejor de la clase. Era muy ambicioso. Todavía lo soy. Cuando se burlaban de mí, me prometía que me destacaría, que sería más que ellos, mucho, muchísimo más. Decidí que no fumaría, no bebería, no jugaría, ni perdería el tiempo correteando detrás de las mujeres. Nada debía distraerme de mi meta. Me gradué con medalla de oro, lo que me permitió ingresar a la Facultad de Medicina sin rendir exámenes.

El poder de la alucinación radica en su estentórea y machacante invasión de mi mente. Sé que no existe, pero no puedo dejar de oírla. Ni siquiera se trata de una verdadera alucinación, porque no la escucho con los oídos, sino directamente con el cerebro. La voz es tan poderosa que se convierte en real. Que no exista no impide que exista. "... ca n´empeche pas d´exister", diría mi buen Charcot.

Si no fuera médico, diría que estoy endemoniado. Es difícil luchar contra esta idea. Los enfermos hablan de posesión diabólica, de magnetismo animal, de telepatía, de hechizos, de espíritus desencarnados. Son las imágenes que mejor representan su padecimiento. Mis padres insisten en que acudamos a un sacerdote iniciado en las artes del exorcismo. No puedo hacerlo, ni permitir que lo hagan en contra de mi opinión. Creo en Dios, pero si me someto a un exorcismo, ¿qué pensarán mis colegas de mí? ¿Cómo defenderé mi compromiso con la ciencia si me entrego a esas supercherías? Es cierto que me gustaría que me dieran esperanzas, que me aseguraran que mi enfermedad se cura con rezos y penitencias. Ya quisiera yo poder descansar mi afiebrada cabeza sobre estas mullidas creencias. Pero, ¿qué clase de médico sería si me hiciera atender por un sacerdote?

Es como si mi cerebro se hubiera partido en dos y cada parte obrara por separado. Aunque estoy seguro de que la alucinación proviene de mí, no me reconozco en ella. Me sorprende, me toma desprevenido, nunca sé qué va a decir. Actúa en forma automática, sin intervención de mi voluntad. Una segunda personalidad se ha organizado en el seno de mi mente, una sombra perversa, un repugnante parásito que se alimenta de mi vida.

Creo que una lesión cerebral ha perturbado la conducción nerviosa y ha desarrollado un área independiente. Una especie de tumor que ha adquirido autonomía y ha alterado el funcionamiento del noble ganglio. Mi hipótesis explicaría la causa de las alucinaciones, no su contenido. Me pregunto por qué esta parte maldita es tan grosera, brutal y odiosa. Como si únicamente reclutara mis pensamientos crueles, aquellos que he descartado. Como si esos residuos desechados hubieran quedado enquistados, aislados del comercio normal de mi mente y ahora se hubieran conjurado para destruirme. Ninguna explicación me alcanza para entender por qué esta segunda personalidad me maltrata con tanta saña. ¿Mi cerebro me odia? ¿Para qué, si no, ha creado semejante monstruo? ¿Por qué me humilla de este modo? ¿No es humillación suficiente haberse vuelto loco?

Te has casado con una enfermera, Victor Khrisanfovich. Supongo que no se les ocurrirá tener hijos, a quienes condenarían a heredar tus taras. Tu amada Olga Ivanovna parece un pedazo de tocino. ¿La llamas "madrecita" porque es una rolliza matrona o solo porque es varios años mayor que tú? No entiendo cómo una mujer puede amar a un loco internado en un asilo. Los misterios del amor no dejan de maravillarme. Me figuro que es muy abnegada, por algo trabaja de enfermera. Olga Ivanovna afirma que ha nacido en una familia de kulaks, pero más bien parece hija de siervos. Anadea como un pato sobre sus grandes pies de campesina y todavía tiene tierra bajo las uñas. Se fugó de la finca de su Señor y consiguió colocarse de mucama en un manicomio, pocos empleos más degradantes. Luego de diez años de limpiar la mugre de los pisos y de los pacientes, la nombraron enfermera. Te pregunto, Victor Khrisanfovich: ¿No te resulta insoportable que se haya casado contigo por compasión? Aunque quizás esto no sea del todo cierto; ella también hizo su negocio al casarse con el joven doctorcito. Debe de ser la única hija de siervos que disfrutó de seis meses de luna de miel en Francia y Alemania.

1879

El casamiento y el descanso no te han servido de mucho, Victor Khrisanfovich. Al regreso de tu luna de miel han tenido que admitirte por segunda vez en el Hospital Mental Preobrazhenski. Al parecer, la temporada de once meses que pasaste hospedado en el frenopático no fue suficiente. Además, te han dado de baja del Servicio Militar por insania. Una baja deshonrosa.

Cuando me despierto me quedo inmóvil en la cama; ni siquiera abro los ojos, tengo miedo de despabilar a la voz. Quisiera que me dejara tranquilo por un rato. Apenas me levanto empieza a hablar, como si mis movimientos la pusieran en marcha. Suele empezar el día describiendo lo que hago. Dice, por ejemplo: "Ahora te sientas en el borde de la cama y te calzas los zapatos, caminas hasta el hogar temblando de frío, volteas los troncos que anoche enterraste entre las cenizas y avivas el fuego, te frotas las manos y pateas el piso para entrar en calor. Te quitas el camisón y exhibes tu pecho de pollo, tu triste *pectus carinatum*, solo te falta batir las alas y ponerte a cacarear".

En este segundo episodio se han añadido repulsivas sensaciones corporales. Siento hormigueos, pruritos y voluptuosos manoseos en la región ano-génito-urinaria. La voz me fuerza a masturbarme varias veces por día. Es exasperante. Cuando camino por los pasillos del hospital me obliga a realizar movimientos bruscos; tengo miedo de golpear a un enfermero o a otro paciente. Pero lo peor ocurre a la hora de defecar.

Como suele ocurrir las letrinas son el lugar más nauseabundo del frenopático, pero estoy seguro de que no huelen a azufre. Cuando me bajo los pantalones, apoyo mi espalda contra la pared y me pongo en cuclillas, la voz empieza con sus comentarios: "El agujero al cual expones tu *culus* comunica con las profundidades del Infierno. Si te asomas contemplarás los reflejos rojizos del Fuego Eterno y oirás los gritos y las súplicas de las Almas Condenadas. ¿Defecas en ese peligroso agujero porque deseas espiar el Infierno con el ojo del culo? Te advierto, Victor Khrisanfovich, que te arriesgas a satisfacer la rijosas urgencias del Diablo. ¿O es que acaso anhelas conocerlo íntimamente? ¿Esperas sentir el cosquilleo de su cola puntiaguda en el *annus*? ¿Ansías experimentar los empujones de su aguijón penetrando en tu recto?".

En el hospital estaba demasiado trastornado como para persuadirme de que se trataba de una alucinación. No lograba calmarme. Terminé por sobornar a un enfermero —con una caja de bombones de chocolate— para que me permitiera exonerar mi vientre en una bacinilla. Entonces la voz me persiguió con nuevos comentarios: "Te sientas sobre la bacinilla y comienzas a hacer fuerza, siempre estás estreñido, Victor Khrisanfovich, ya tienes hemorroides de tanto estreñimiento. Eres un cobarde, no te atreves a usar las letrinas como cualquier hombre normal". Lo peor de este odioso asunto es que me dejó sugestionado y, ahora en mi casa, recuperado del brote, cuando la naturaleza me llama, no me atrevo a usar el retrete. Acuclillado sobre la bacinilla, en medio de mi habitación, me siento como un animal.

Hoy a la mañana me ha despertado con un estribillo: *"dementia imbecillitas, dementia imbecillitas, dementia imbecillitas"*. La voz picoteaba mi cerebro como un pájaro carpintero. Para escapar de ella pensé en martillarme la cabeza hasta quedar inconsciente, o en entonar una salmodia a los gritos, un cántico que me aturdiera, un ruido inarticulado, un gruñido, un rugido, un tra-la-la, una canción pegadiza que neutralizara su intrusión.

Además, me obliga a repetir estas horribles palabras en sonsonete como un muñeco de ventrílocuo. *"Dementia imbecillitas, dementia imbecillitas, dementia imbecillitas"*. Domina mis órganos de articulación verbal: mi lengua, mis cuerdas vocales, mis pulmones… Me fuerza a decírselas a los enfermeros y a los médicos. Y lo más penoso: las repito delante de Olga Ivanovna y noto en su rostro la mortificación que le produce verme tan enfermo.

Hace unos días internaron en mi pabellón a un Doctor en Química. Enseguida nos hicimos amigos. Además de sus insanias, el nivel intelectual de los pacientes del Preobrazhenski es bastante bajo. Serguéi Serguéievich, tal es su nombre, fue para mí como un oasis en medio de este desierto de ignorancia. Él también sufre de estribillos y es forzado a decir lo que se desespera por callar. Camina a grandes zancadas por el patio del hospital dándose golpes en el pecho y vociferando como un pregonero: "¡Soy judío! ¡Soy judío! ¡Soy judío! Serguéi Serguéievich es mi nombre ruso, pero tengo un nombre en idish: Yankl ksil". (No sé cómo escribir el nombre judío de Serguéi Serguéievich en ruso, solo puedo reproducirlo fonéticamente).

Lo he diagnosticado como un caso de paranoia alucinatoria. Su enfermedad se desencadenó cuando lo nombraron Profesor Titular de la Cátedra de Química Inorgánica de la Facultad de Ciencias Naturales. Serguéi Serguéievich no tiene un apellido judío ni los rasgos fisonómicos propios de su raza, al contrario, dado su biotipo eslavo-oriental podría pasar perfectamente por moscovita. Pero la voz lo obliga a revelar su ascendencia a los gritos. Si las autoridades de la Facultad se enteraran de que es judío, lo despedirían de inmediato. Serguéi Serguéievich llama a la voz "El Señor". Dice que su dios está enojado con él porque no tolera que se avergüence de su pueblo ni que mienta. Dos faltas imperdonables.

Le expliqué mi teoría de la segunda personalidad y del automatismo mental. Le dije que en ciertas lesiones cerebrales los nervios actúan por su cuenta, fuera de nuestro control. Se desata una suerte de lenguaje de nervios, equivalente al recitado en silencio de un niño que estudia de memoria un poema o un sacerdote, un sermón. El problema radica en que estas palabras se trasladan directamente a los órganos de la fonación y se vuelven audibles. No pareció demasiado interesado en mi hipótesis. "La medicina es el arte del diagnóstico y yo necesito un tratamiento", me dijo abatido.

Serguéi Serguéievich se presentó en mi dormitorio con un balde metálico y con aire misterioso me pidió cenizas de mi hogar. Lo seguí hasta su cuarto. Sacó de su armario una caja de madera que contenía tubos de ensayo llenos de líquidos de color púrpura y verde esmeralda. Volteó el balde sobre una mesa y dispuso las cenizas en forma de cráter, como hacen las cocineras con la harina para preparar una torta. Vertió las soluciones de los tubos de ensayo y les agregó un polvo gris azulado, impalpable como el talco. Amasó la mezcla hasta amalgamarla en una pasta homogénea, la esparció sobre la superficie de una cabeza de madera de las que se emplean para confeccionar pelucas, la moldeó a presión ajustando sobre ella una semiesfera hueca de metal y con un cuchillo quitó los sobrantes de masa que afloraban por debajo del molde. "Ahora hay que dejar que actúen los catalizadores y que el compuesto fragüe", me explicó. Ante mi cara de perplejidad agregó: "Me estoy fabricando un casco de carbonato de calcio, una especie de solideo".

Tengo entendido que el solideo es el gorro con el que se cubren la cabeza los altos dignatarios de la Iglesia Católica, y si bien es muy parecido al que los judíos llaman kipá, sin duda no se trata de la misma prenda. De todos modos, prefiero no sacar a Serguéi Serguéievich de su supuesta confusión y dejarlo tranquilo con su "solideo".

Al día siguiente salió al patio muy contento. Llevaba puesta una *ushanka* de astracán y ya no proclamaba a los gritos su origen judío. Se lo veía francamente aliviado. Me contó que debajo de la *ushanka* llevaba el "solideo". El casco de carbonato de calcio interceptaba la voz acusadora de su dios. Él era el primer sorprendido, no esperaba que su artilugio fuera tan eficaz. Me arrastró hasta su habitación, quería que me lo probara; si me daba resultado fabricaría uno para mí. Me resistí. Le expliqué que no serviría, que las alucinaciones provenían de la mente, pero apartó mis argumentos con un ademán desdeñoso y me plantó el casco poco menos que por la fuerza.

Esa mañana la voz había estado particularmente moderada. Canturreaba una tonada, un *basso continuo* disonante como el chirriar de las cigarras en celo, pero por lo menos no me insultaba ni me obligaba a ejecutar sus asquerosos mandatos. Apenas me puso el casco, oí una horrísona carcajada que me paró los pelos de punta y me dejó aturdido, como si el casco no hubiese permitido que el ruido saliera de mi cráneo. Me lo quité de inmediato con el corazón desbocado por el susto.

Serguéi Serguéievich se quedó mirándome desilusionado. Había supuesto que el casco actuaría como un bálsamo, no que me produciría tamaño sobresalto. Que hubiéramos reaccionado de maneras tan disímiles reflejaba la contradicción entre nuestras respectivas teorías. Debo reconocer que me hacía dudar. Si como yo pensaba las alucinaciones se debían a una lesión cerebral, ¿por qué el casco asordinaba las de él y me ensordecía con las mías? Mi amigo estaba convencido de que El Señor le hablaba. Señalaba hacia el cielo con el dedo índice de su mano derecha, en la misma posición y con la misma sonrisa enigmática del *San Juan Bautista*, de Leonardo. Yo también sonreía y me señalaba la cabeza; le decía que la voz provenía de mi cerebro, que estaba sentada en la silla turca de la hipófisis como un rey en su trono. Finalmente, Serguéi Serguéievich se encogió de hombros y dijo que en estos temas las teorías no eran tan importantes, que de todos modos uno sólo se guiaba por su experiencia personal. De repente, me invadió el desaliento. Me di cuenta de que mis ideas, tan arduas de demostrar, me llevarían a seguir predicando en el desierto como Juan, el Bautista, incluso entre hombres cultos e inteligentes como mi amigo.

En uno de nuestros paseos matinales sufrimos un feo percance. Caminábamos por el patio esquivando los charcos y el barro del deshielo primaveral, cuando un paciente sumamente molesto —y por desgracia muy fornido—, a quien diagnostiqué como un caso grave de *idiotismus* debido a una degeneración alcohólica hereditaria, que se pasaba las horas de recreo corriendo en círculos, de un manotazo le tiró la *ushanka* al suelo. "Hace calor", le gritó sin detener su galope.

El resto de los pacientes nos rodearon y al ver el "solideo" empezaron a murmurar entre ellos. "Era cierto, es judío", se decían unos a otros. Espero que el secreto de Serguéi Serguéievich no salga de los muros del hospital.

1881

Te has mudado a San Petersburgo con tu mujercita, Victor Khrisanfovich. Cambias de ciudad para vivir en un sitio donde nadie te conozca. No soportas la vergüenza. Y te han nombrado psiquiatra asistente en el hospital Nikolay, El Milagroso. Sabes perfectamente que ningún milagro te salvará de mí.

1883

He tenido una pesadilla horrible. Unas manos me desollaban la cara con un bisturí. Mi cuero cabelludo y mi rostro se desplegaban en una larga espiral como la mondadura de una naranja, excepto que mis rasgos estaban en ella. Un par de dedos sostenían la espiral de piel por lo que había sido mi coronilla. Debajo se veían los huesos del cráneo, blancos, pelados de carne.

Estoy cursando un nuevo brote. (La voz dice: "Evolucionas por brotes, como un vegetal, Victor Khrisanfovich. ¿Qué fruto nacerá de ti?"). Me han internado en el hospital en el que me desempeño como psiquiatra. Aunque me han aislado del resto de los pacientes, es una condición denigrante que me provoca mucha amargura. Entre 1879 y 1883, en esos cuatro años de remisión de mi cuadro, escribí dos libros y traduje del alemán al ruso obras de Kraft-Ebbing, Meinert y Wundt. En 1882 elaboré una clasificación de las enfermedades mentales. Y siempre continué escribiendo el relato de mi insania. Estar loco es una experiencia difícil de transmitir, solo puede ser narrada en toda su extrañeza por quien la ha padecido. Aunque se trate de una vivencia subjetiva, es un testimonio que puede iluminar la naturaleza de la locura. Por ese motivo, también escribo durante el brote: le dejo un relato de primera mano al otro Victor Khrisanfovich, al que soy cuando me recupero. Me sorprende la paradoja de haber acabado siendo mi propio paciente.

Escribir alucinado es engorroso. La voz me estorba, lee lo que escribo como si espiara por sobre mi hombro y lo repite. No logro concentrarme en la frase siguiente. En esos momentos, solo puedo abandonar la pluma y esperar.

Contar mi vida como insano es una penosa forma de desnudez. Olga Ivanovna me alienta. Me recordó a un colega que describió el "Pulso de martillo de agua". Se estaba afeitando y observó que su cara no se quedaba quieta, las carótidas latían como balones de sangre y movían su cabeza rítmicamente. Descubrió una secuela vascular de la sífilis tomándose a sí mismo como ejemplo clínico de esa deshonrosa enfermedad.

Lo de la "lesión cerebral" es una teoría que inventaste para salvarte de la humillación. Necesitabas una causa orgánica, como si tú no tuvieras ninguna relación con tu locura. No tienes una tisis ni un cólico renal, Victor Khrisanfovich. No es algo que te ha "sucedido"; no estás loco por accidente o mala suerte. No estás enfermo, *eres un enfermo.* ¿Cómo tengo que decírtelo para que lo entiendas?

Dices que escribes por el progreso de la psiquiatría, dices que trabajas por el postulado humanitario de la ciencia, pero, ¿qué valor tienen los pensamientos de un loco? Escribes y escribes, pero, ¿cómo dar crédito a tus hipótesis, Victor Khrisanfovich? ¿Cómo distinguir las ideas cuerdas de las delirantes si todas provienen del mismo cerebro?

El tercer episodio ha sido más corto que los anteriores y rápidamente recuperé la lucidez, pero he salido de él muy deprimido. Aunque sabía que este es el curso natural de la enfermedad, alentaba la ilusión de que los brotes no se repitieran, pero han retornado. Este nuevo episodio es mi sentencia de muerte: si hay un tercero habrá un cuarto, es una serie, y sé que la insania termina en la demencia. Antes de demenciarme me mataría, esta vez, espero no fallar.

1889

Te han ascendido a superintendente del Hospital Psiquiátrico Nicolay, El Milagroso. Es notorio que las autoridades de ese frenopático no son demasiado exigentes con los profesionales. También eres miembro de la Sociedad Psiquiátrica de San Petersburgo y has sido Secretario del Primer Congreso de Psiquiatras Rusos en 1887. Pero tú y yo sabemos que solo los fracasados se dedican a la psiquiatría, los incapaces de abrirse camino en la clínica médica o en la cirugía. Los psiquiatras sirven únicamente como policías de la sociedad contra sus miembros degenerados o peligrosos.

Suelo ir seguido al museo del Hermitage y me quedo durante horas sentado frente a la *Madonna Litta*, de Leonardo. La ternura de la virgen de leche, el arrobamiento amoroso con que el Niño Dios mama del alto pecho de su madre me consuelan, me devuelven cierta paz. El rostro de la *Madonna* me recuerda la dulzura de la mirada del ángel de la *Vergine delle Rocce* que vi en el Louvre. Ahora exhiben una muestra itinerante de pinturas de museos españoles. He ido al Hermitage tres veces solo para ver *La mesa* de Hieronymus Bosch. En el centro del cuadro aparece el ojo de Dios, con el iris y la pupila perfectamente dibujados, y dentro de la pupila, Cristo, con la mano izquierda levantada como si quisiera detenernos o advertirnos, y debajo, la inscripción *Cave, cave, Deus videt*. La utilizo como un estribillo mental contra la voz. "Cuidado, cuidado, Dios está observándote". Tú me observas a mí, pero Dios nos observa a todos. Tampoco tú puedes escapar de Él. Oigo tus carcajadas, pero son fingidas, tratas de envalentonarte, sé que tú también le temes a Dios.

Si te suicidas Olga Ivanovna te seguirá. No han tenido hijos, se quedaría sola en el mundo, y la pobre te ama demasiado, no aguantará la vida sin ti. Es una mujer con un corazón simple, eres el beneficiario inmerecido del amor devoto de un alma buena. Al quitarte la vida se la quitarás a ella. En pocas palabras: asesinarás a la mujer que dices que amas. Todo por orgullo, porque no soportas la degradación de haber pasado de superintendente del frenopático a insano. Eres muy egoísta, Victor Khrisanfovich. Tu amor propio es más poderoso que tu amor por ella.

He empezado a oírla de nuevo. No resistiré otro brote, ya es hora de acabar con todo esto. He robado una buena cantidad de opio de la farmacia del hospital. Regresé a casa e ingerí una dosis letal. Han transcurrido treinta minutos y aún puedo seguir escribiendo, pero hace tanto frío que la tinta se congela y se me hiela la punta de los dedos. La letra no fluye, se agruma, sale temblorosa y erizada.

La habitación está muy oscura. Apenas puedo leer lo que escribo. El vapor de mi aliento se escarcha sobre mi barba. Sé que el frío no puede apagar la vela. Sin duda debo de estar alucinando, pero veo cómo el fuego se debilita y se va apagando con esos bailoteos agónicos de las llamas de las velas cuando están por extinguirse, como si se estiraran para tragar las últimas bocanadas de aire antes de morir.

Finalmente, no pude alcanzar las metas que me propuse en mi juventud. Quise elevarme hacia el sol y acabé con las alas derretidas, como Ícaro. Jamás imaginé que dedicaría mi vida a estudiar mi caída.

La mujer que era sombra

Mariana Enriquez

Todos los ceniceros estaban llenos hasta el tope, el piso de madera manchado de vino. Carolina había decidido festejar sola la inauguración de su departamento —tampoco tenía tantos amigos para invitar—. Pero hizo como si estuviera de fiesta y acompañada: la música muy fuerte, un poco de baile y una botella de vino.

Cuando terminó el festejo se durmió muy rápido y muy profundo. Hacía frío afuera, pero en el cuarto la calefacción era perfecta. Estaba muy contenta con su nuevo departamento y con el edificio, aunque sospechaba, por la cantidad de notificaciones pegadas en el hall de entrada, que los vecinos debían ser bastante quisquillosos.

No escuchó el alboroto esa madrugada, no escuchó a los vecinos corriendo por los pasillos, ni el ascensor, ni los golpes en la puerta del tercer piso. Tampoco escuchó el grito que asustó a todo el edificio. Recién se enteró de que esa noche había pasado algo dos días después, cuando su flamante departamento ya estaba otra vez limpio y perfumado. Recibió una notificación por debajo de la puerta: la invitaban a la reunión de consorcio para que colaborara a "encontrarle una solución" al problema de los ruidos molestos. Ella todavía no había sido molestada por ningún ruido, pero decidió ir a la reunión para conocer a los vecinos. ¿Estarían enojados por la música y el baile de su solitaria fiesta de inauguración? Había sido un sábado a la noche.

No podían acusarla de nada. En cualquier caso, si se trataba de ella, les iba a prometer cordura para el futuro. Y la tendrían. Carolina casi nunca invitaba gente a su casa.

Llegó temprano a la reunión. Se hacía en un espacio libre de la baulera, en el primer subsuelo. El lugar olía a goma y humedad, y estaba muy iluminado. Tenía algo de pasillo penitenciario, con muchas jaulas para las cosas que los vecinos guardaban. Se entretuvo mirando. Heladeras viejas. Bicicletas con las llantas desinfladas. Cajas y papeles, hasta un bonito sillón verde que, pensó, quedaría muy bien en su living. Juegos de mesa de los años ochenta y monitores de computadora. La calefacción no llegaba hasta ahí abajo y Carolina pensó que no iba a aguantar mucho tiempo si la reunión se hacía larga. Odiaba el frío, sentirse incómoda con demasiada ropa puesta, siempre contracturada por encogerse de hombros. Cuando escuchó pasos en la escalera se alivió.

El vecino la saludó, se presentó como el ingeniero del 4.º B y le dio la bienvenida. Los otros integrantes del consorcio empezaron a llegar casi en simultáneo: traían sillas plegables, termos llenos de café y agua caliente para el mate, vasos de plástico, yerba y hasta una estufa eléctrica. En un rato cambió el clima del subsuelo frío y Carolina recibió más saludos y bienvenidas.

El primero en hablar fue el ingeniero: todos los demás lo llamaban por su nombre, Mario. Dijo que con lo que había pasado la noche anterior la gota rebalsaba el vaso y todo el edificio se merecía una explicación. Carolina pensó en dar sus excusas, pero antes de que pudiera abrir la boca, intervino un chico que estaba apoyado contra la pared, cerca de la estufa eléctrica.

—Ya lo expliqué varias veces, Mario, te lo expliqué a vos personalmente y a otros vecinos.

Carolina miró alrededor confundida. Una mujer muy gorda, sentada incómoda en una de las sillas plegables, dijo que ella casi se había muerto la noche anterior, que nunca en la vida había escuchado un grito así, que casi le dio un infarto y que no podía ser.

—Te pido disculpas, Marga, pero no lo puedo evitar. Tengo epilepsia.

La señora gorda resopló, miró al chico y levantó una ceja, en un gesto de desprecio, diciendo con todo el cuerpo que no le creía una palabra. El chico insistió. Dijo que tenía epilepsia del lóbulo temporal. Que, a veces, cuando tenía una crisis, no podía controlar sus sensaciones y gritaba. Que estaba medicado, pero seguía teniendo crisis y en general eran así: ataques por la noche, a veces durante el sueño, y las crisis empezaban con una sensación de miedo intenso. Por eso gritaba. No podía evitarlo. Con su médica estaban pensando en cambiar la medicación o regularla para ver si era posible disminuir las crisis.

Marga, la gorda, no cedía.

—Mirá querido, si estás enfermo yo soy la primera en compadecerte, ¿no?, tan jovencito. Pero en mi familia hay epilepsia, mi tía tenía la pobre, y no gritaba así, tenía convulsiones, ¿ahora me vas a decir que vos tenés epilepsia sin convulsiones? ¡Andá! Es una estupidez, como si me dijeras que estás resfriado, pero no tenés mocos, por favor, querido, no nos tratés de estúpidos.

El chico suspiró. Carolina lo miró bien. Le calculó un poco más de veinte años. Tenía los ojos muy grandes, azules, como asombrados, y llevaba un largo saco negro. Estaba despeinado y un poco pálido.

—Marga, tu parienta habrá tenido epilepsia en otra parte del cerebro, según dónde sea las crisis son diferentes. Yo no tengo más convulsiones por la medicación. No sé qué más decirles que no haya dicho: busquen información en internet.

—Tenemos que encontrar una solución... —empezó a decir Mario, pero el chico lo interrumpió. Lo lamentaba mucho, dijo, pero la única solución era disminuir las crisis, y eso lo estaba tratando con su médica; si tenía suerte, iba a mejorar.

—Escuché que tenían planeado echarme. No pueden echarme.

—Nosotros nunca pensamos echarte, pero tenemos derecho a vivir en paz, vos no tenés idea de lo que son tus gritos, te pedimos por favor.

El chico dijo que tenía que irse, que llegaba tarde a una reunión y se fue. Subió casi corriendo las escaleras. Carolina se quedó en la reunión para entender más. Ella no había escuchado nada, ningún grito, y los vecinos se encargaron de darle detalles, felices de poder descargarse con alguien nuevo, de contar otra vez la historia que todos sabían. Joaquín vivía en el 5.º B hacía menos de un año. Un chico callado, trabajaba todo el día y volvía tarde. El padre había ayudado en la mudanza, un tipo encantador, no lo visitaba muy seguido, gente de plata. Una vez por semana, por lo menos, Joaquín gritaba a la noche. Un grito solo, largo, los vecinos decían que como de un minuto, pero Carolina no lo creía posible. El grito era terrible, no se lo podían explicar, era un aullido de terror puro, la primera vez pensaron que alguien lo había matado, una señora decía que no era humano, que no era una voz humana. Las primeras veces llamaron a la policía, hasta le tiraron la puerta abajo en el verano. Él nunca se acordaba de nada y siempre les decía lo mismo, que era epilepsia, que por favor no llamaran a la ambulancia. Marga creía que estaba loco, que tenía esquizofrenia, aunque por lo demás, más allá de los gritos, Joaquín era normal. El ingeniero explicó que había consultado si la epilepsia podía ser así, con esos gritos, y un médico le dijo que era común que los epilépticos tuvieran sensaciones de miedo y "vocalizaran", lo llamó así. En internet también se había fijado, en páginas serias, de fundaciones, científicas, y en efecto decían que podía haber sensaciones de terror. Pero, a pesar de todo, él tenía que reconocer que no soportaba los gritos de Joaquín. No era un hombre supersticioso, pero tenía razón la señora, eran gritos de animal, de chancho, de muerte. Iba a averiguar si era posible presentar un amparo en la justicia, algo, o hablar con los padres. No podemos vivir más así, dijo.

Carolina no quiso decir nada, porque era su primera reunión, porque recién llegaba al edificio, pero sentía mucha curiosidad y un poco de rechazo por los vecinos. ¿Cómo sería ese grito? ¿Era posible que fuera así, como lo describían, y que saliera de un chico de apariencia tan inocente?

No solamente, inocente, se dijo. Era un chico hermosísimo. Cuando volvió a su departamento, en el ascensor, se encontró esperando con demasiado interés la puerta del quinto piso y cuando preparaba su clase del día siguiente, se encontró pensando en las manos delgadas del chico enfermo y buscó información en internet, tal como él les había recomendado a los vecinos y encontró varios artículos muy complicados, pero que parecían confirmar lo que él chico había descripto.

Pasaron semanas y Carolina no escuchó ningún grito ni movimientos extraños por las noches; el departamento tenía miles de pequeños problemas —una ducha taponada, pérdidas en la cañería de la cocina, una estufa que quemaba mal y resultaba peligrosa—, pero a pesar de los arreglos y las esperas de plomeros y gasistas no podía olvidarse de los vecinos y del chico epiléptico. Había subido varias veces por la escalera hasta su departamento solamente para pasar por la puerta del 5.º B, pero nunca había escuchado o visto algo. Incluso se lo había contado a su madre por teléfono. Su madre se había preocupado. "Son raros los epilépticos —le dijo— son jodidos". Cada noche, después de corregir los trabajos prácticos en la cama, cuando apagaba la luz, se quedaba despierta en la oscuridad esperando escuchar el grito. Siempre se quedaba dormida en silencio.

Una tarde decidió corregir los exámenes en el café que quedaba frente al edificio, en la esquina. Entró casi corriendo, porque llovía y no quería que se mojaran los papeles. No bien cerró la puerta se encontró, a su lado, sentado a la mesa de la ventana frente a una computadora, a Joaquín, el chico epiléptico. Él la miró muy serio, dudando, pero Carolina sonrió y se le acercó para saludarlo con un beso. No sabía de dónde había salido ese impulso. Quería dejarle claro que ella no era como los demás vecinos, que ella no lo rechazaba. Verlo la sorprendió: era aún más atractivo de lo que recordaba, con su camisa a cuadros, el pelo crecido y desprolijo y, cosa rara, un anillo grande, plateado, en el dedo mayor.

—¿Cómo estás? —dijo Carolina—. Nunca más te vi desde la reunión y te quería pedir disculpas, me pareció que te atacaron bastante y no supe qué decir.

—Estoy acostumbrado —dijo Joaquín, y la invitó a sentarse.

Hablaron de sus trabajos. Carolina le contó que era profesora de Historia en una secundaria y le leyó algunas respuestas ridículas de sus alumnos en los exámenes. Hablaron de política y del frío que no se terminaba de ir. Pero los dos sabían que tenían que hablar de los gritos y la epilepsia. Lo hizo ella.

—¿Te volvieron a molestar los vecinos?

—No. Supongo que desde aquella vez no volví a tener un ataque.

Carolina lo miró sin entender.

—Desde hace un tiempo tengo ataques cuando estoy dormido. Si no me dicen, no me entero —explicó él.

—Disculpame, pero no sé nada de la epilepsia —dijo Carolina y se miró las manos. No quería confesarle que había estado investigando por su cuenta.

—Bueno, poca gente sabe.

—¿Entonces no te enterás de que tenés un ataque?

—No. La verdad, eso es lo peor de todo. No saber y que los demás te digan lo que te pasó. La gente... suele exagerar mucho. Una vez conocí a una mujer que, cuando tenía una crisis tenía automatismos, son movimientos involuntarios digamos, y se desabrochaba la camisa, se sacaba la ropa. Era jueza la pobre y le pasaba en reuniones. Pero nosotros nos cagábamos de risa. Venía al grupo de apoyo, no la ayudábamos en nada creo.

—¿Y no te acordás de nada?

—Si estoy dormido, no. La primera vez le abrí la puerta a un policía que me mandaron los vecinos y no entendía nada, ellos me hablaban de gritos y yo les decía que debía ser en otro departamento. Después supe lo que era, porque me pasó despierto.

—¿Y despierto te acordás?

Joaquín dijo que sí. Son sensaciones angustiantes, le explicó.

—No me tocó una epilepsia divertida. Me acuerdo de otra compañera del grupo, ella sentía algo muy placentero, como un orgasmo y se podía producir una crisis mirando una luz fijo y parpadeando...

—Qué guacha.

Joaquín sonrió. No hay dos epilepsias parecidas, le dijo. Y después le preguntó qué días daba clase y si le pagaban bien. Carolina se dio cuenta de que él no quería seguir hablando de su enfermedad y le siguió la corriente. Quiso saber de qué trabajaba.

—En el negocio de mi familia —contestó él—. Venta de antigüedades. Una galería. Cuando quieras te invito a conocerlo, hay cosas muy lindas.

—No voy a poder comprar nada —se rió Carolina.

—No, seguramente no —reconoció él—. Pero es lindo para visitar: es como un museo. —Le anotó su número de teléfono en una servilleta, dijo que lo llamara cuando quisiera y se fue.

La galería olía a madera y Carolina tenía miedo de romper algo, pero Joaquín la tranquilizó, la hizo dejar el bolso detrás de una mesa y bajó la persiana de la vidriera. El lugar era tan silencioso que Carolina podía escuchar los pasos de Joaquín con una asombrosa claridad. Había pensado mucho en llamarlo; había leído horas sobre epilepsia en internet y había fantaseado con cuidarlo. Seguramente él no podía manejar un auto: ah, y ella se imaginaba llevándolo de acá para allá, al trabajo o a un viaje, por la ruta, escuchando música, sintiendo el roce de su anillo plateado en las mejillas. Se imaginaba tranquilizándolo después de un ataque, acariciándole el pelo tan cuidadosamente descuidado, a su lado en la cama. Había leído que no se sentía nada después de un ataque de epilepsia, salvo quizá cansancio o dolores de cabeza después, pero no podía creerlo. Había visto algunos videos, también, en sitios médicos. Eso que le pasaba a la gente no podía dejar ninguna secuela, como decían. Incluso había hablado con una médica amiga de su madre: mintió y le dijo que había empezado a salir con un chico epiléptico. No bien dijo la mentira, se dio cuenta de lo mucho que él le gustaba. De lo extraño, interesante que le parecía, con su ropa cara y sus ojos asombrados. Estaba segura de que no tenía novia, de que incluso le debía costar estar con una mujer. ¿Cuándo les diría que era epiléptico? ¿Después de haber salido algunas veces? ¿Después de que ellas presenciaran un ataque? ¿Cuántas mujeres eran capaces de soportarlo? Ah, ella era capaz, muy capaz.

El departamento de Joaquín daba a la calle y cada tarde, cuando volvía de la escuela, esperaba encontrarlo en el balcón, chequeaba si tenía la luz encendida o no. Cuando llamó para aceptar la invitación a la galería, le tembló la voz y, cuando él le dijo que pasara a las ocho, cuando cerraban, así podían estar solos, sintió que le quemaba la cara.

Joaquín tenía la barba crecida y una remera de mangas cortas que dejaba ver brazos delgados pero fuertísimos, con cada músculo marcado, músculos finos, largos. Cada vez que lo veo está distinto, pensó Carolina. Más atractivo, incluso más alto, pequeñas diferencias, menos ojeras, dedos más largos, el pelo brillante y espeso. "No entiendo nada de estilos", dijo ella. "Mejor", dijo Joaquín, "así puedo impresionarte". Le mostró un juego de cuatro sillas *art nouveau* de respaldo delgado, de madera, frágiles como un sueño; un candelabro de plata con un chico de espaldas que miraba el mar como si estuviera esperando la aparición de un barco a lo lejos; un espejo de metal, redondo, abrazado por una mujer de plata que se doblaba bajo un vendaval. Le dijo que él, sin embargo, prefería el *art déco*, que las piezas no eran tan hermosas pero, le parecía, eran más extrañas. Carolina vio lámparas de techo que parecían arrancadas de pasillos marcianos, sillones que le recordaban al Empire State, un juego de ajedrez seco, de plástico, madera y colores plenos. Vio vasos y floreros de diseñadores franceses y alemanes, apellidos que trataba de retener. Joaquín, pensó, era un vendedor buenísimo. Los rojos cristales se reflejaban en sus ojos transparentes y sonreía cuando le mostraba los detalles del pie de una mesa para fumar de hierro que, le dijo, debía costar unos veinte mil dólares.

"Acá está lo mejor", le dijo, y le tomó la mano. Tenía las manos calientes y secas. Ahora que lo tenía cerca podía olerlo, una mezcla de jabón y papel. Se dejó llevar hasta una puerta al fondo de la galería y entraron a una especie de depósito. Joaquín encendió todas las luces y aparecieron caballos de madera, un unicornio de montura roja y hasta una llama, "creo que es de carrusel de Lima", dijo él. Todos los animales de carrusel habían sido vendidos a la misma persona hacía apenas una semana. Su padre era el único que tenía arte de carrusel en la Argentina y no bien entraban nuevas piezas, en seguida las publicaban en la web, el mismo comprador llamaba y las compraba. Un norteamericano. Llevárselas le costaba más caro que la compra. Carolina preguntó si podía tocar a los animales y Joaquín le dijo que sí, que a estos no los podía romper salvo que los golpeara con un hierro. Ella pasó la mano sobre el lomo violeta de uno de los caballos y sintió miedo, como si hubiera acariciado a los niños ya muertos que alguna vez habían cabalgado allí, girando con alguna vieja música de pianola.

—A mí también me dan miedo —dijo Joaquín, y apagó la luz.

Esa noche volvieron juntos al edificio y Carolina propuso pasar por el supermercado y comprar espaguetis y hongos para una salsa. Después de comer se tiraron en la cama de Joaquín a mirar televisión —una cama ancha, un edredón de plumas— y, con el volumen bajo, él empezó a acariciarla hasta que ella estuvo tan húmeda que podía olerse, ese olor salado tan ansioso. Cuando finalmente la penetró, Carolina dio un pequeño grito asombrado. Sintió que era su amante desde hacía años. No sintió ningún dolor, ningún tropiezo, él no necesitó de su guía ni tuvo un momento de duda. Era perfecto y cálido y sencillo. Él se durmió primero y Carolina se quedó un rato largo despierta, apoyada en la almohada, mirándolo dormir.

Esperó varias noches el grito que tenía tan alborotados a los vecinos, pero Joaquín dormía bastante tranquilo, a veces moviendo los dedos como si desenredara algo. Carolina no notaba que él estuviera enfermo, salvo cuando lo veía tomar su medicación. Ya ni siquiera iba a terapia grupal, le contó, porque estaba mucho mejor y se había cansado de las historias, de las quejas. Una mañana él no contestó cuando le hizo una pregunta; fueron segundos de mirada desenfocada y, cuando volvió, sencillamente le dijo: "Perdón, qué me preguntabas". No era tan difícil, entonces, estar con él, ser su mujer. Se lo dijo a Joaquín, y él, después de pensarlo un poco, le dijo hace poco que nos conocemos, puede ser muy complicado. Ella se ofendió un poco, pero él no intentó aliviarle el malhumor.

La noche del grito no había sido diferente de las otras. Comieron una pizza casera, vieron una película mala en la cama, se durmieron temprano. A Carolina la despertó un gemido ahogado, pero tardó en darse cuenta de lo que pasaba y cuando encendió la luz vio a Joaquín sentado en la cama, que movía los brazos como si luchara con algo invisible y gritaba con la boca muy abierta, los ojos desenfocados. Carolina saltó de la cama: el volumen del grito era insoportable. Le hacía vibrar los oídos. Se parecía al viento, a cientos de voces desesperadas traídas por el viento hasta esa habitación; la voz del grito no se parecía a la de Joaquín y la cara le había cambiado, el que gritaba no se parecía a Joaquín, tenía rasgos lobunos, la mandíbula larga y brutal. El grito duró lo que a ella le parecieron varios minutos —aunque, comprobó después, habían sido segundos— y cuando terminó, Joaquín bajó la cabeza y murmuró el mismo sonido varias veces, una palabra que Carolina no pudo distinguir. Después parpadeó y volvió a acostarse. Sobre la almohada su cara era la misma de siempre, la boca de labios finos, la mandíbula suave y los pómulos filosos. Nada atormentado, apenas el ceño fruncido que se aflojó lentamente, después de un ronquido.

Carolina se dio cuenta de que la ventana abierta golpeaba, un sonido leve que parecía el de un puño pidiendo permiso para entrar. La cerró asustada. Quiso despertarlo, pero él dormía como si nada hubiera pasado y no se atrevió; encendió un cigarrillo y no pudo volver a dormir. Escuchó: en el silencio del edificio se escuchaban conversaciones, quejas, chasquidos de lenguas, luces que se encendían y se apagaban. Había despertado a los vecinos una vez más. Carolina no podía volver a la cama, pero cada diez minutos iba a chequear que él siguiera dormido, que estuviera durmiendo y no muerto. Al amanecer, por fin, se durmió en el sillón del living.

Él supo lo que había pasado no bien la vio ahí a la mañana, con el cenicero lleno a su lado y la televisión sin volumen.

—Perdón —le dijo—, yo sé que es espantoso.

—Te cambió la cara —dijo Carolina, mirándolo a los ojos.

Joaquín se quedó callado. Después se fue a la cocina a preparar un café. Llevaba en la mano las pastillas, la medicación que tomaba todas las mañanas.

—Eras otra persona —dijo Carolina.

—Está bien.

Joaquín encendió la hornalla y esperó apoyado en la mesada.

—Eras otro. Te juro que te cambia la cara.

—No cambia nada. Estás sugestionada. Estoy esperando que me preguntes si me siento bien, por ejemplo.

Carolina empezó a llorar otra vez y pidió perdón. Se había asustado mucho, dijo. No se imaginaba algo así. Lo había mirado dormir durante horas porque le daba miedo que se muriera.

—Por favor, perdoname, voy a aprender, te voy a ayudar.

—No necesito ayuda —dijo él—, pero tampoco puedo consolarte.

—Ya sé —dijo Carolina—, perdón, soy egoísta.

—Le pasa a todo el mundo. Por lo menos, no te desesperaste y no llamaste una ambulancia. Mi mamá lo hacía todo el tiempo. Los enfermeros me dan sedantes que no necesito y me lastiman, y me internan por nada.

Él estaba repentinamente distante, frío. Carolina le vio en los ojos cierto desprecio, una seguridad arrogante. No dijo nada más. Joaquín entró al baño. Carolina escuchó la ducha. Apagó el cigarrillo, respiró hondo y lo siguió. Desnuda, bajo la ducha, lo abrazó —el cuerpo de Joaquín tan tenso, descarnado, el vientre duro como una madera blanda— y le prometió que ella iba a aprender, que no iba a irse. Y dejó que Joaquín la penetrara brutalmente, que le golpeara la espalda contra la canilla, que se desquitara. Prefería que se la cogiera así. A veces sentía que él se aburría con ella. Que la tocaba con la delicadeza de siempre, pero como si fuera un músico que repetía una escala, con atención, pero solo para practicar.

Él no quería darle la llave del departamento. Tampoco quería presentarle a sus padres. Carolina no entendía qué le pasaba. Habían tenido una pelea, una noche. Ella se despertó por los movimientos de Joaquín, que respiraba más rápido y se estiraba como si alguien tironeara de sus piernas, gimiendo. Intentó despertarlo, segura de que era una pesadilla, y entonces se dio cuenta que estaba teniendo un ataque. Entonces lo sacudió más y más fuerte, y como él no reaccionaba llamó a una ambulancia; y antes de que llegaran los médicos, él se despertó, porque el ataque se terminó y ella seguía sacudiéndolo de los hombros. Se enojó muchísimo. "¡Para qué mierda me despertás!", le gritó. Ella trató de explicar y él la miró furioso. Los epilépticos son agresivos le había dicho su madre y Carolina se apartó de la cama, un poco asustada, casi esperando que él la golpeara.

—Sos una estúpida —le dijo—. Llamá ahora mismo a esa ambulancia, que no vengan, no necesito nada. No pasa nada con los ataques, ¿cuántas veces te lo tengo que decir? ¡Nada! No me voy a morir de esto, puedo seguir durmiendo tranquilamente. Ahora tengo que estar despierto viéndote llorar y encima qué, ¿me tenés miedo? Sos una ignorante —le dijo—. Una bruta.

Carolina llamó a la ambulancia, pero los médicos llegaron igual y Joaquín tuvo que explicarles lo que pasaba. Ellos insistieron en revisarlo y él los echó, sencillamente.

—¡Me tienen harto! —gritó dando un portazo.

Carolina le preguntó:

—¿Querés que me vaya?

—Claro que quiero que te vayas —le dijo él—, dejame tranquilo, por favor.

Pero al otro día se habían amigado. Él la llamó y le pidió disculpas por haberle gritado. Ella lo perdonó en seguida y fue hasta el departamento. Le quería proponer mudarse juntos. No iba a cometer más errores.

Pero cuando cenaron él habló poco y miró con atención la televisión y después, en la cama, le dijo que estaba muy cansado.

Muy cansado de qué, pensó Carolina, pero se lo dejó pasar. No era tonta. Se daba cuenta de que él la había llamado nada más que por buena educación. Estaba aburriéndose de ella. Pero no podía permitirlo, no podía permitir que la dejara.

—Anoche tuviste convulsiones —dijo Carolina, sentada en la mesada de la cocina, con el mate entre las manos. Él no tomaba mate, ¡era tan fino!

Joaquín dejó de mirar por un rato la pantalla de su computadora.

—¿Sí? Bueno, por lo menos no me despertaste.

—Me parece que le tendrías que decir a tu médica. No fue como las otras veces. Fueron convulsiones de veras.

—De veras —repitió él y se rió. Pero Carolina notó que estaba preocupado—. Perdoname, te debés haber asustado.

Ella bajó de la mesada y le dio un beso en la nariz.

—En serio, decile. Yo creía que convulsiones así, tan fuertes, no tenías más, por la medicación.

—Se supone que no debería tener. Una vez, igual, no es para preocuparse tanto.

—Nos vemos a la tarde —dijo Carolina, y antes de que él pudiera inventarle una excusa o pedirle que no volviera (sabía que eso estaba a punto de pasar, que pasaría en cualquier momento) se fue diciendo que llegaba tarde a una reunión de la escuela. Cuando bajó las escaleras sintió que la transpiración le cubría el cuerpo.

Le había mentido. Joaquín había dormido perfectamente esa noche.

Entró a su departamento y marcó el número de los padres de Joaquín. Lo había conseguido revisándole el celular. Atendió la madre y Carolina se presentó como la novia. La madre pareció sorprendida y Carolina sintió que la furia le ocupaba la garganta. El enfermito se daba el lujo de negarla ante sus padres además de tratarla de estúpida. Tragó saliva y empezó a hablar. Que hacía unos meses se estaba viendo con Joaquín. Que no sabía a quién recurrir. Que él había dejado de ir al grupo, no sé si usted sabe todo esto. Que tiene ataques muy seguido: que es peligroso. Hace unas semanas se cayó y se golpeó la cabeza. No le dice nada a la médica: no sé si va a atenderse porque me miente. Le juro que es difícil para mí recurrir a usted, que no la conozco, y molestarla, pero quiero mucho a su hijo y estoy preocupada.

Carolina sonrió cuando la madre se puso a llorar del otro lado del teléfono. El calvario que ella había pasado con ese chico, siempre. Si hasta le había salvado la vida varias veces, cuando era chico. Había aprendido a reanimarlo, cuando era chico tenía ataques constantemente y ella sufría tanto, se le moría. Pero él siempre había sido rebelde y ahora encima tenía una médica que lo justificaba. De chico, con el Dr. Calvo, habían estado bien. El Dr. Calvo le daba tranquilizantes, le prohibía estudiar y mirar mucha televisión, lo internaba cuando tenía esas convulsiones terribles, cuando se lastimaba tanto. Pero de grande Joaquín, con la ayuda de su padre, había buscado otro médico. Y ahora tenía a esta mujer que era tan moderna y que lo había puesto en su contra. Esta mujer le dice que puede estudiar, que puede salir solo. Lo quiso operar, imaginate querida, operar del cerebro, de esas cosas hablan, y el padre lo apaña, lo apaña. Lo deja trabajar hasta tarde, todos los días. ¡Es un chico que no puede hacer eso, que no se puede estresar, está manejando presupuestos, haciendo ventas! Lo van a matar entre todos. No sabés cuánto te agradezco este llamado. Con el padre me han dejado de lado. Yo lo único que quiero es salvarlo, siempre quise salvarlo. ¿Cómo es tu nombre querida? Tenés que venir a verme.

Lo que no sé, señora, es cuánto tiempo voy a ser la novia de su hijo. Porque él también me está apartando. Le pido, por favor, que no le diga que la llamé, que quede entre nosotras. Claro que te está apartando, me lo van a matar Dios mío. Conmigo tenés discreción garantizada. Ya lo vamos a solucionar, ya lo vamos a solucionar.

La mujer cortó y Carolina se quedó con el teléfono temblando entre las manos. Al menos estaban claros los enemigos: el padre y la médica. Los padres estaban separados entonces. La madre estaba claramente loca. Era lo que necesitaba.

También necesitaba una cámara o un buen equipo de grabación. Si él la dejaba, ya tenía un plan. No se la iba a llevar de arriba. Abandonarla no iba a ser gratis.

Por lo menos, se la había cogido esa noche, pero ya no era lo mismo. Ella quería más y gritaba, y él fumaba y le decía "uff, quedate tranquila".

Quedate tranquila, como si fuera una puta, siempre caliente. Se acordaba de las primeras noches y quería golpearlo. Se humedecía solo de verlo. Una noche incluso no había logrado tener una erección y ella se había pasado media hora chupándole la pija hasta que él dijo: "Basta, no ves que no tengo ganas". Carolina, enojada, le dijo: "Deben ser las pastillas, leí que causan impotencia", y él se encogió de hombros. "Me pasó alguna vez, pero ahora no es por la medicación: no tengo ganas, ¿entendés, no?".

Él se paraba y se iba hasta la cocina a buscar un sándwich, una fruta, y ella le veía los músculos de la espalda y los hombros anchos y las piernas largas, y se masturbaba sobre la cama. Él no la echaba. Mejor, porque ella estaba esperando, tenía que pasar una de estas noches, no podía faltar mucho.

Carolina se despertó y miró el reloj de la mesa luz. Las cuatro de la mañana. Algo la había molestado. La habitación estaba apenas iluminada por las luces de la calle. Había olor a humo, a hojas de árboles quemándose en las podas veraniegas. Joaquín dormía a su lado, boca arriba, con las manos cruzadas sobre el pecho, como un muerto. Carolina quiso acomodarle los brazos a los costados del cuerpo con suavidad y entonces él abrió la boca para gritar. Rápido, rápido, se dijo, y encendió la cámara que tenía en su bolso, al lado de la cama, al alcance de su mano. Ubicó la imagen de Joaquín gritando en el rectángulo, se aseguró de que funcionara el volumen. Lo vio ahí, en el video. Hermoso y desfigurado, las venas del cuello como raíces de un árbol viejo, los ojos llenos de terror. ¿Qué vería? ¿Habría algo en ese video que estaba filmando? Por un momento tuvo miedo y sintió que había alguien a sus espaldas, alguien a quien Joaquín veía que lo aterrorizaba. Pero se dio vuelta y solo vio la habitación a oscuras. Joaquín dejó de gritar y Carolina apagó la cámara; volvió a guardarla en la cartera.

Cinco minutos después, dos vecinos estaban golpeando la puerta con los puños. Joaquín se despertó y miró a Carolina.

—Gritaste. Te vienen a buscar.

Joaquín respiró hondo y Carolina sintió lástima otra vez, pero se acordó de que la había dejado tocándose sola en la cama, mientras se comía una pera o no sé qué en la cocina y sonrió. Él, medio dormido, fue a abrir y discutió con los vecinos un rato largo, hasta el inevitable portazo.

Ah, pero el infierno recién empieza, se dijo Carolina. Ya había puesto en marcha otros planes. Había hablado con la vecina Marga. Le había contado que Joaquín se ponía agresivo y que hasta le había pegado.

—Hay que llamar a la policía —dijo Marga.

—No, pobrecito, está enfermo.

—Nena, sos una santa, no sé cómo no te da miedo.

—Es como si tuviera el diablo en el cuerpo —le dijo Carolina.

—Eso es lo que yo siempre pienso —dijo Marga—. ¿No querrá ver a un cura?

—No creo, Marga, por ahí si se lo sugerís, él es muy terco.

Marga iba a tocarle el timbre pronto y hablarle de posesión. Y no solo eso: ya tenía aterradas con el tema del diablo en el cuerpo a dos viejas del 2.º, que, cuando veían a Joaquín, se persignaban.

La madre llamaba todo el tiempo ahora y Joaquín le cortaba a veces y otras veces trataba de razonar con ella y le pedía por favor que lo escuchara. La madre era fiel, sin embargo: no le hablaba de la conversación que habían tenido. Una tarde se apareció por el departamento con el antiguo médico de Joaquín, el Dr. Calvo, y todo terminó en llanto y gritos. Joaquín se lo contó por la noche, y ella lo consoló acariciándole la cabeza y pensando que, si él se dejara, si no fuera tan terco, podrían ser felices, podría cuidarlo y soportar su malhumor sin tener que hacer todas las cosas horribles que estaba haciendo.

Cosas horribles como decirle, cada vez que Joaquín tenía una pequeña ausencia, que había sido una crisis bastante importante. Como asegurarle que tenía convulsiones cada dos noches. Como, incluso, mentir y afirmarlo en el consultorio de su neurólogo; la médica, una mujer gorda de largo pelo rubio y pecas, la miró con cierta desconfianza, dijo que le resultaba extraño porque había respondido hasta entonces bien a la medicación, pero Carolina juró que esto estaba pasando y la médica dijo bueno, tendríamos que hacer estudios y cambiar la medicación, a lo mejor tendrías que internarte para que podamos ver qué pasa cuando dormís. Y Carolina disfrutó ver la frustración de Joaquín y cruzó los dedos, ojalá la nueva medicación no resulte, ojalá se ponga peor en serio. Ahí también se enteró de que Joaquín había sido candidato para una operación, pero el procedimiento estaba descartado, porque, según decían, su epilepsia tenía varios focos y no daría resultado. Otra vez sintió pena, pero se acordó de cuando él la había llamado bruta y del fuego gris en sus ojos azules, que la miraron con desprecio.

Esa noche, la noche después de la consulta con la médica, Joaquín le dijo que estaba pasando un momento malo con su enfermedad, como ella había notado, y que no podía tener una relación. Que la venía tratando mal hacía rato, se daba cuenta, y no quería hacerlo. Necesitaba estar solo. Carolina lloró y él la abrazó. Olía a jabón y sudor, parecía afiebrado.

—Perdoname —le dijo—, es difícil estar conmigo, especialmente cuando ando mal.

—¿Y cuando te mejores?

—Vivimos en el mismo edificio, podemos hablar, ¿de a poco, si?

Carolina lo dejó solo. Llamó al colegio y pidió parte de enferma. Lloró en su cama y preparó todo para la noche. Conectó la cámara al equipo que no había vuelto a encender a ese volumen desde la noche de la inauguración, cuando había festejado sola. A las tres de la mañana, cuando sabía que Joaquín estaba dormido, hizo sonar el grito. Esperó y con alegría escuchó el alboroto de los vecinos. Iba a hacerlo todas las noches. Casi todas. Era sábado. Mañana domingo también. El lunes no. Y así. Hasta que lo echaran.

¿Cómo era posible? Ahí estaba Joaquín como si nada hubiera pasado, en la puerta de su galería, charlando con un hombre de traje, un evidente extranjero, fumando. En la esquina, tres empleados subían a un camión de mudanza bártulos muy grandes, que sacaban de la puerta del depósito. Se estaban llevando los caballos del carrusel. El extranjero debía ser el comprador. Joaquín estaba prolijamente despeinado, como siempre, y llevaba un pulóver negro que le quedaba grande sobre una camisa blanca. Parecía una estrella de cine. Lo estuvo mirando un rato largo, hasta que el comprador se despidió dándole la mano. La sonrisa de Joaquín también era distinta, tenía los dientes más blancos, le brillaban los ojos. Carolina esperó que volviera a entrar para cruzar la calle. Adentro del negocio no había nadie. Joaquín estaba revisando una pila de papeles.

—Hola —dijo Carolina—. Te escuché anoche.

—Todo el edificio me escuchó. ¿Por qué venís a decirme esto? ¿Por qué me quemás la cabeza?

—Estás peor.

—Andate.

Carolina le notó desconfianza en los ojos, pero no la suficiente. Ni se imaginaba. Pobrecito. Una de estas noches, claro, ella iba a cometer un error. Él iba a estar despierto y notar que el grito venía del departamento de al lado. O su propio grito iba a despertarlo, aunque dormía muy profundamente, por la medicación. Pero para eso faltaba. ¡Y ella podía hacer inteligencia! Podía ver si su padre venía a acompañarlo, o algún amigo pasaba la noche con él, o —por Dios no— alguna chica. No saber era lo peor, le había dicho él. Claro que sí.

En el edificio, de madrugada, el grito y las corridas y, por la mañana, frenéticas reuniones de consorcio y el padre de Joaquín gritando que no podían discriminarlo así. Y en su departamento, Carolina acostada sobre el piso, repitiendo el video del grito en silencio, solo para ella, acariciándose hasta sangrar, concentrada en el hueco de la boca, el pecho que se ensanchaba para aullar, el pelo sobre los ojos azules, los dedos que se levantaban frente a la cara y parecían querer salir de la pantalla y tocarla, tocarla.

Apéndice

Notas sobre los escritores

ÁNGELA PRADELLI nació en Buenos Aires, en 1959. Es escritora y profesora en Letras y ha ejercido la docencia en escuelas secundarias. Ha publicado *Las cosas ocultas* (Ediciones del Dock), *Amigas mías* (Emecé), *Turdera* (Emecé), *El lugar del padre* (Alfaguara), *Cómo se empieza a escribir una narración* (ediciones Centro Cultural Ricardo Rojas), *Libro de lectura, crónica de una docente argentina* (Emecé), *Combi* (Emecé) y *La búsqueda del lenguaje, experiencias de transmisión* (Paidós). En poesía publicó *Un día entero* (Ediciones del Dock). Es antóloga junto con Esther Cross de *La Biblia según veinticinco escritores argentinos*. Obtuvo, entre otros, los premios Emecé, Clarín, Municipal de Novela, Fondo Nacional de las Artes, ADEPA, y fue finalista en poesía del Premio Casa de las Américas. Coordina talleres de escritura en distintos países. Sus notas sobre educación y lenguaje se publican en diferentes medios. Trabajó como escritora en Estados Unidos (2004) y en las ciudades de Ginebra (2010) y Zurich (2012). Es coordinadora en la Argentina de la Cátedra Latinoamericana y del Caribe de Lectura y Escritura.

ARIEL MAGNUS nació en Buenos Aires, en 1975. Publicó *Sandra* (2005), *La abuela* (2006), *Un chino en bicicleta* (2007, Premio de Novela La otra orilla y traducida a varios idiomas), *Muñecas* (2008, Premio Iberoamericano de Novela Breve Juan de Castellanos), *Cartas a mi vecina de arriba* (2009), *Ganar es de perdedores* (2010), *Doble Crimen* (2010), *El hombre sentado* (2010) y *La cuadratura de la redondez* (2011). Trabaja de periodista cultural y traductor literario del alemán.

CLAUDIA PIÑEIRO nació en Buenos Aires, en 1960. Es escritora, dramaturga, guionista de televisión y colaboradora de distintos medios gráficos. Ha obtenido diversos premios nacionales e internacionales por su obra literaria, teatral y periodística. Es autora de las novelas *Las viudas de los jueves* (Premio Clarín de Novela 2005), *Tuya, Elena sabe, Las grietas de Jara*, (Premio Sor Juana Inés de la Cruz 2010) y *Betibú*. Ha publicado también los relatos para niños *Un ladrón entre nosotros* (Premio Iberoamericano Fundalectura-Norma 2005), y *Serafín, el escritor y la bruja*. Su obra de teatro *Cuánto vale una heladera* fue estrenada en el marco del ciclo Teatro por la Identidad 2004 y publicada por el Ministerio de Educación, Ciencia y Tecnología. Sus obras se están traduciendo a varios idiomas. La novela *Las viudas de los jueves* lleva vendidos cientos de miles de ejemplares y ha sido llevada al cine por Marcelo Piñeyro.

OLIVERIO COELHO nació en Buenos Aires, en 1977. Publicó las novelas *Tierra de vigilia* (2000), *Los invertebrables* (2003), *Borneo* (2004), *Promesas naturales* (2006), *Ida* (2008), *Un hombre llamado Lobo* (2011) y el libro de cuentos *Parte doméstico* (2009). Realizó residencias para escritores en México, en Nueva York y en Corea del Sur. Producto de esta última es *Ji-do* (2009), una antología de narrativa coreana contemporánea. Escribió artículos y críticas para los suplementos culturales de los diarios *La Nación, El País, Clarín* y *Perfil*. Actualmente escribe sobre novedades editoriales en la revista *Inrockuptibles*. Fue incluido por la revista *Granta* entre los 22 escritores jóvenes de habla hispana con más futuro.

ESTHER CROSS nació en Buenos Aires, en 1961. Publicó *Conversaciones con Bioy Casares en el taller literario* y *Conversaciones con Borges en el taller literario*, libros de entrevistas con los autores, escritos en colaboración con Félix della Paolera; las novelas *Crónica de aladas y aprendices*, *La inundación*, *El banquete de la araña, Radiana* y *La señorita Porcel* y los libros de cuentos *La divina proporción* y *Kavanagh*. Tradujo *Once tipos de soledad*, de Richard Yates, *La misma sangre y otros cuentos* y *Ángeles y hombres*, de William Goyen. Coordina talleres de escritura y colabora en distintos medios.

GUILLERMO MARTÍNEZ nació en Bahía Blanca, en 1962. Se radicó en Buenos Aires en 1985, donde se doctoró en Ciencias Matemáticas. Publicó el libro de cuentos *Infierno grande*; los ensayos *Borges y la matemática* y *Gödel (para todos)*, en colaboración con Gustavo Piñeiro; el libro de artículos y polémicas sobre literatura *La fórmula de la inmortalidad*; y las novelas *Acerca de Roderer, La mujer del maestro, Crímenes imperceptibles* (Premio Planeta de Argentina 2003, novela traducida a 35 idiomas, que fue llevada al cine por el director Álex de la Iglesia con el título *Los crímenes de Oxford*), *La muerte lenta de Luciana B.* y *Yo también tuve una novia bisexual*. Participó del International Writing Program de la Universidad de Iowa y obtuvo becas del Banff Centre for the Arts y de las fundaciones MacDowell y Civitella Ranieri. Uno de sus cuentos fue publicado en la prestigiosa revista *The New Yorker*. Colabora regularmente con artículos y reseñas en distintos medios.

SERGIO S. OLGUÍN nació en Buenos Aires, en 1967. Estudió Letras en la universidad de esa ciudad y trabaja como periodista desde 1984. Fundó la revista *V de Vian*, y fue cofundador y el primer director de la revista de cine *El Amante*. Ha colaborado en los diarios *Página/12, La Nación* y *El País* (Montevideo). Es jefe de redacción de la revista *Lamujerdemivida* y responsable de cultura de la revista *El Guardián*. Editó, entre otras, las antologías *Los mejores cuentos argentinos, La selección argentina, Cross a la mandíbula* y *Escritos con sangre*. Publicó el libro de cuentos *Las griegas*, las novelas *Lanús* y *Filo* y las narraciones juveniles *El equipo de los sueños* y *Springfield*, traducidas al alemán, al francés y al italiano. Su libro *Oscura monótona sangre* mereció el V Premio Tusquets Editores de Novela.

CARLOS CHERNOV nació en Buenos Aires, en 1953. Es médico psiquiatra y psicoanalista. Ha publicado los libros de cuentos *Amores brutales* (Sudamericana) y *Amor propio* (Alfaguara); y las novelas *Anatomía humana* (Premio Planeta de Argentina, 1993), *La conspiración china* (Perfil), *La pasión de María* (Alfaguara) y *El amante imperfecto* (Premio Norma La otra orilla, 2008). Su novela *El desalmado* (Emecé) obtuvo el Premio Único de Novela Inédita de la Municipalidad de la Ciudad Autónoma de Buenos Aires. Ha recibido la beca de la Civitella Ranieri Foundation en 2010. Sus textos han sido traducidos al inglés, al francés y al italiano.

MARIANA ENRIQUEZ nació en Buenos Aires, en 1973. Trabaja como subeditora del suplemento *Radar* del diario *Página/12*. Publicó *Bajar es lo peor* (1995, Espasa Calpe, novela), *Cómo desaparecer completamente* (2004, Emecé, novela), *Los peligros de fumar en la cama* (2009, Emecé, cuentos) y *Chicos que vuelven* (2010, Eduvim, nouvelle).

AMNESIA GLOBAL TRANSITORIA

(*Fantasmas del futuro*, Esther Cross)

La amnesia global transitoria es un cuadro súbito de pérdida temporal de la memoria sin clara causa neurológica, que dura habitualmente unas seis horas y no deja secuelas. En muchos casos se asocia a eventos física o emocionalmente estresantes. Los pacientes no pueden recordar nada de lo sucedido durante el episodio, aunque se hayan comportado normalmente. Es un cuadro infrecuente que no requiere tratamiento.

Dr. Pablo Richly

BIPOLARIDAD

(*Fin de semana*, Sergio S. Olguín)

Los trastornos bipolares son las enfermedades psiquiátricas que han sido más temprana y ampliamente descriptas en la historia humana. A pesar de que en los últimos años han adquirido cierta consideración pública, encontramos en la medicina griega descripciones de esta enfermedad muy similares a las que utilizamos actualmente. Su distribución epidemiológica no respeta ninguna barrera, racial, cultural, económica, moral o política. Tienen el tipo de base genética que presentan otras enfermedades, como la diabetes o la hipertensión arterial. Por lo tanto, las personas que tienen familiares directos que han sufrido esta enfermedad presentan un riesgo mayor de padecerla.

Los trastornos bipolares son enfermedades que afectan a todo el organismo, e incrementan la mortalidad y el riesgo de sufrir otras enfermedades, como el cáncer o la enfermedad vascular. Principalmente afectan los mecanismos cerebrales que regulan las oscilaciones normales del humor, el ánimo y el ciclo sueño-vigilia. De esta manera, las personas afectadas pueden sufrir episodios de depresión, de euforia y también una combinación de ambas, llamados episodios mixtos. Cuando estas personas están afectadas, suelen tener una visión distorsionada del mundo, ya que no pueden balancear adecuadamente la impresión emocional que tienen de él. Cuando están sufriendo síntomas depresivos, resaltan los aspectos negativos de su situación, lo que les impide tomar decisiones mínimas. Por el contrario, cuando están sufriendo una manía, todos sus ritmos se exacerban y presentan una visión inadecuadamente positiva de sus posibilidades, lo que los lleva a tomar decisiones incorrectas y a manejar inadecuadamente sus relaciones interpersonales. A pesar de que se la denomina bipolar, las personas afectadas suelen pasar más tiempo sufriendo síntomas de depresión que de manía.

Los trastornos bipolares son enfermedades que acarrean un enorme costo para las personas afectadas y sus familias, por lo que han sido catalogadas como la sexta causa de discapacidad en el mundo. Más de la mitad de las personas afectadas no logran sostener una vida social y laboral acorde a sus expectativas y potencialidades. Por fortuna, desde hace ya treinta años contamos con una creciente variedad de recursos terapéuticos que permiten aliviar significativamente el impacto de estos desórdenes psiquiátricos. Hoy en día una persona que recibe el tratamiento adecuado puede gozar de una vida plena e incluso desarrollar una vida laboral excepcionalmente exitosa. El descubrimiento de la terapéutica de los trastornos bipolares forma parte de los tesoros más queridos de las ciencias médicas.

Dr. Sergio Strejilevich

DEMENCIA FRONTOTEMPORAL

(*El editor maldito*, Oliverio Coelho)

La demencia frontotemporal (DFT) engloba un conjunto de enfermedades que afecta las regiones frontales y temporales del cerebro. Estas regiones se ocupan, entre otras funciones, de regular nuestra conducta y nuestras capacidades lingüísticas. La naturaleza de los síntomas en cada uno de estos cuadros dependerá en principio de las áreas que estén primordialmente afectadas en el paciente. La demencia frontotemporal implica grandes dificultades para los cuidadores y alta dependencia de los pacientes.

Existe una variante frontal (cuando afecta más los lóbulos frontales que los temporales) y una variante temporal (cuando afecta más los lóbulos temporales que los frontales). La variante conductual de la demencia frontotemporal (bvDFT) se caracteriza por un comienzo insidioso y una progresión gradual con declinación precoz en la conducta social y en el manejo de la conducta personal. Los desórdenes conductuales se caracterizan por desinhibición social, pérdida de la conciencia de enfermedad, problemas en la higiene y el cuidado personal, rigidez mental, cambios en la dieta (algunos pacientes comen compulsivamente y tienen una llamativa preferencia por comidas dulces), conducta inapropiada y rutinas o rituales compulsivos. Sin embargo, algunos pacientes pueden, en cambio, presentar un cuadro de apatía marcada. En el inicio de la enfermedad y por un tiempo, los pacientes generalmente tienen preservadas las habilidades cognitivas, como el lenguaje, la memoria, la atención, la orientación, y el coeficiente intelectual no suele alterarse. El diagnóstico de demencia frontotemporal puede ser un desafió aun para médicos con gran experiencia. La variante temporal de la demencia frontotemporal o afasia primaria progresiva se caracteriza por dificultades progresivas en el lenguaje.

En la actualidad, y con el avance de la investigación en DFT, se reconocen cuadros en los que la afectación incluye síntomas motores (degeneración corticobasal, parálisis supranuclear progresiva, esclerosis lateral amiotrófica). Resulta evidente a partir de la gran variedad de cuadros englobados dentro de la DFT que las alteraciones patológicas (es decir, los cambios que ocurren en el nivel del tejido cerebral) son heterogéneas y que difieren de otras demencias más conocidas, como la enfermedad de Alzheimer, tanto en su localización como en sus propiedades químicas y biológicas.

La causa detrás de la DFT es aún incierta, pero paulatinamente la investigación comienza a develar cuáles son los cambios que explicarían el conjunto de síntomas que caracteriza a los pacientes diagnosticados con esta entidad. En la actualidad, se reconoce que existen cambios estructurales en proteínas cuya función normal es vital para un tejido cerebral sano, porque tienen a su cargo funciones claves como el mantenimiento del esqueleto de las neuronas (proteína tau), o bien la regulación de la expresión de genes (proteína TDP43) y el crecimiento celular (progranulina). La afectación de estas proteínas podría generar, a su vez, la acumulación de otras proteínas celulares defectuosas que llevan a la degeneración neural y a la consiguiente atrofia cerebral. Debido a la gran variedad de síntomas y su naturaleza heterogénea, no es poco habitual que la variante conductual de la DFT se confunda con trastornos psiquiátricos, como la depresión, el trastorno bipolar, la esquizofrenia de comienzo tardío, el trastorno obsesivo compulsivo, y que la variante temporal se confunda con la enfermedad de Alzheimer. No se ha encontrado aún un tratamiento que pueda revertir la progresión de la DFT, pero existen alternativas que pueden aliviar algunos síntomas y mejorar la calidad de vida del paciente y sus familiares.

Dr. Facundo Manes

DEMENCIA SEMÁNTICA

(*El sentido de las palabras*, Ángela Pradelli)

La demencia semántica (DS), una de las variantes de la afasia primaria progresiva, es un trastorno del lenguaje en el cual los pacientes presentan un deterioro progresivo en la comprensión de palabras, en especial nombres, y en el reconocimiento de objetos, mientras que otras facultades cognitivas se mantienen notablemente conservadas. Específicamente, los pacientes con DS conservan la habilidad para producir un discurso fluido, pero sin palabras claves, y este discurso llega a ser cada vez más difícil de comprender. Así mismo, pierden la habilidad para reconocer el significado de palabras específicas o para denominar con espontaneidad objetos familiares, cotidianos.

Dr. Facundo Manes

EPILEPSIA

(*La mujer que era sombra*, Mariana Enriquez)

La epilepsia es una patología del sistema nervioso central con un alto impacto en la salud pública mundial. En nuestro país, su prevalencia a lo largo de la vida fue estimada en uno cada doscientos habitantes.

Una crisis epiléptica se define como todo evento clínico transitorio que refleja la presencia de descargas hipersincrónicas de neuronas ubicadas en la corteza cerebral. Se caracteriza por la presencia de una predisposición crónica para la generación de crisis epilépticas, que puede ser originada por diferentes etiologías.

Algunas características de las crisis son: sensaciones de miedo en el inicio, alteraciones de la percepción, de la memoria y de la conciencia, dificultad para hablar, actividades automáticas elementales de miembros superiores y/o inferiores, vocalización, caídas y, en ocasiones, contracciones tónicas y clónicas. Toda esta semiología provoca en el observador extrañeza y temor, con el agravante de que el paciente depende de ese otro para saber lo que ocurrió en ese breve tiempo (nunca más de uno a tres minutos).

Las epilepsias, conocidas desde épocas remotas, no han estado ajenas a concepciones políticas y filosóficas de cada época. Las primeras visiones atribuían el origen de la enfermedad a los demonios o al castigo divino. Con el conocimiento de la anatomía y la fisiología, la epilepsia alcanzó el reconocimiento de enfermedad neurológica, y pudo desprenderse de los estigmas que le atribuían alteraciones cognitivas, psiquiátricas, o que la ubicaban como una enfermedad hereditaria.

El pronóstico de la enfermedad para la mayoría de los sujetos —alrededor del 70%— es excelente: en tratamiento, dos o tres años después de haber presentado la última crisis, se les da el alta médica.

Dra. Silvia Kochen

ESQUIZOFRENIA

(*Filiaciones*, Ariel Magnus, y *El único órgano que puede estudiarse a sí mismo*, Carlos Chernov)

La esquizofrenia es una enfermedad mental severa y crónica que se inicia en el neurodesarrollo (anomalías cerebrales intrauterinas) y afecta la conducta, el pensamiento, las emociones, la sensopercepción y el juicio, hasta llevar a una ruptura con la realidad. Evoluciona por brotes de episodios agudos que agregan neurotoxicidad a las fallas tempranas. Presenta diferentes cortejos sintomáticos: positivos (alucinaciones, delirios, pensamiento disgregado o bizarro, entre otros); negativos (aplanamiento afectivo, anhedonia, abulia, aislamiento, autismo); afectivos (depresión, desesperanza, ambivalencia afectiva, irritabilidad); cognitivos (errores disejecutivos, mal desempeño funcional). Según la forma clínica (simple, hebefrénica, paranoide, catatónica, indiferenciada, residual), predomina un grupo u otro. En la forma clínica paranoide prevalecen las ideas delirantes de control, influencia, revelación, las alucinaciones o dispercepciones, y la conducta inapropiada.

Dra. Andrea López Mato

PSICOSIS PUERPERAL

(*Una madre protectora*, Guillermo Martínez)

El puerperio es el período en el cual el sistema hormonal femenino regresa a su condición basal de no gravidez; su duración, no siendo rígida, se establece entre las seis y las ocho semanas. En este período, las mujeres con vulnerabilidad para padecer ciertos trastornos mentales ven aumentado el riesgo de desarrollarlos. Las psicosis puerperales son todos aquellos fenómenos que ocurren en este contexto. En primer lugar, la esquizofrenia, si no se ha manifestado antes, puede comenzar en forma abrupta en este momento. En el caso de las personas previamente enfermas, no es raro que sufran reagudizaciones de sus cuadros. En segundo lugar, es muy frecuente que un trastorno bipolar muestre sus primeras manifestaciones durante el puerperio, ya sea con episodios maniacos o depresivos. En tercer lugar, un tipo particular de psicosis agudas muy ruidosas, pero de buen pronóstico, suelen mostrar episodios puerperales, las denominadas psicosis cicloides. Finalmente, una psicosis delirante crónica puede también comenzar en este período.

Las causas de la vulnerabilidad psíquica que ocurre en el puerperio tienen sus raíces en los fuertes cambios hormonales y sus efectos en el sistema nervioso central, reforzados por el estrés de la adaptación psicológica a la maternidad.

Dr. Marcelo Cetkovich Bakmas

TRASTORNO DE DÉFICIT DE ATENCIÓN CON O SIN HIPERACTIVIDAD

(*Claro y contundente*, Claudia Piñeiro)

El déficit de atención con o sin hiperactividad (TDAH) es un cuadro que, si bien se manifiesta en la infancia, tiene impacto a lo largo de toda la vida. Forma parte de las denominadas patologías del neurodesarrollo y se expresa más allá de un bajo rendimiento escolar. Sus características más frecuentes son la dispersión, la hiperactividad y la impulsividad. La baja tolerancia a la frustración, la dificultad para organizarse, la imposibilidad de desplegar un proyecto a largo plazo, los olvidos frecuentes, el aburrimiento frente a la rutina, la inconsistencia ante el esfuerzo mental sostenido son otras de sus manifestaciones.

Cuando un niño padece esta compleja sintomatología, suele provocar un estado de alerta y angustia en sus padres. El contexto escolar, en general, no está preparado para educar a un niño que escapa al formato estándar y esta dificultad impide la generación de un proyecto educativo a largo plazo adaptado para contener a un paciente que sufre déficit de atención. Es habitual, lamentablemente, confundir la expresión sintomatológica del TDAH como el desconocimiento de las estrategias de manejo escolar. El tratamiento correcto trasciende el simple hecho de medicar a un niño con el fármaco específico, porque si solo se repara en la medicación, se pierde de vista todo lo que se puede hacer para ayudar al paciente. Es recomendable un enfoque multimodal, con trabajo de orientación a padres y a maestros, tratamiento individual dentro del marco cognitivo-conductual del paciente (cuando esto sea necesario para manejar la impulsividad o los múltiples olvidos, o mejorar las habilidades sociales) y abordaje farmacológico que, en una gran cantidad de pacientes, resulta una herramienta fundamental para el éxito del tratamiento psicoterapéutico.

Dra. Andrea Abadi

SÍNDROME DE CAPGRAS

(*Una madre protectora*, Guillermo Martínez)

El síndrome de Capgras es el epónimo que designa el cuadro que el psiquiatra francés Jean Marie Capgras describió en 1923 como *L'illusion des sosies* en el contexto de un delirio crónico sistematizado. El sujeto supone sosias —dobles— de personas conocidas, pero con atribuciones morales diferentes (Conti, N). En clínica psiquiátrica, un delirio es una idea patológica elaborada por un juicio desviado, desprovista de toda conexión con la realidad. Se caracteriza por ser irreductible, es decir, invulnerable a la argumentación lógica, y por condicionar la conducta del enfermo, quien pugna por defenderla convencido de su realidad. El concepto de delirio crónico y sistematizado se refiere a su duración persistente y al hecho de que, en su estructura interna, el delirio tiene cierta organización, a diferencia de los delirios pobremente sistematizados que se muestran como ideas inconexas. La palabra *delirio* proviene del francés y hace referencia a la 'lire' o 'surco del sembrado', de forma tal que grafica la idea delirante como aquella que sale del curso normal esperado. Debe diferenciarse el delirio del *Delirium*, término germano conservado por la psiquiatría anglosajona para designar al síndrome confusional agudo de causa tóxica, traumática, tumoral o infecciosa.

Dr. Marcelo Cetkovich Bakmas

Índice

Agradecimientos

Este libro no hubiese sido posible sin el aporte y la colaboración desinteresada de los siguientes profesionales:
Dr. Facundo Manes, Dra. Alexia Rattazzi,
Dra. Silvia Kochen, Dr. Marcelo Cetkovich Bakmas,
Dr. Pablo Richly, Dr. Sergio Strejilevich,
Dra. Andrea López Mato, Lic. Teresa Torralva,
Dra. Andrea Abadi, Lic. Florencia Salvarezza,
Lic. María Roca y Mateo Niro.

Agradecemos también el apoyo de
INECO (Instituto de Neurología Cognitiva),
del Instituto de Neurociencias de la Fundación Favaloro, de IPBI (Instituto de Psiquiatría Biológica Integral), de la sección de Salud Mental Pediátrica del Departamento de Pediatría del Hospital Italiano y de la Liga Argentina de Lucha contra la Epilepsia.

Made in United States
Orlando, FL
21 October 2023

38087946R00121